人｜力｜资｜源｜管｜理｜前｜沿｜问｜题｜研｜究

宏观人力资源管理概论

著◎刘小群　张新岭　孙友然　江　游

中国劳动社会保障出版社

图书在版编目（CIP）数据

宏观人力资源管理概论/刘小群等著. -- 北京：中国劳动社会保障出版社，2018

ISBN 978-7-5167-3609-8

Ⅰ.①宏… Ⅱ.①刘… Ⅲ.①人力资源管理 Ⅳ.①F243

中国版本图书馆 CIP 数据核字（2018）第 179271 号

中国劳动社会保障出版社出版发行

（北京市惠新东街 1 号　邮政编码：100029）

*

北京虎彩文化传播有限公司印刷装订　新华书店经销

787 毫米×1092 毫米　16 开本　17 印张　179 千字

2018 年 8 月第 1 版　2019 年 2 月第 2 次印刷

定价：68.00 元

读者服务部电话：（010）64929211/84209101/64921644

营销中心电话：（010）64962347

出版社网址：http://www.class.com.cn

序

提起人力资源管理，业内人士都知道其指的是企业的人力资源管理，高校里设置的人力资源管理专业也是特指企业的人力资源管理内容。因此，有一些专家、学者提出："人力资源管理内涵囊括整个社会，为什么成了企业专属?"这是因为现有的人力资源管理专业教学框架基本都是国外传进来的，而国外就没有囊括整个社会的人力资源管理理论，国内也没有系统的人力资源管理理论。这不能不说是一个很大的遗憾。

实际上，人力资源活动远不止在企业和组织之中，整个社会上的人力资源活动无时不在、无处不现。因此我们必须正视现实，人力资源管理不能只有微观的人力资源管理，它应该包括宏观人力资源管理和微观人力资源管理两部分。宏观人力资源管理不仅是人力资源管理理论发展的需要，也是作为世界第一人力资源大国开展人力资源管理实践的需要。但是我们却看到，长期以来我国以宏观人力资源管理为对象的规范理论研究处于相当薄弱甚至是基本空白的状态。在理论方面，宏观人力资源管理并未成为一个有特定范畴和研究群体的学术领域，相关研究成果非常匮乏，其成熟规范的理论体系和研究框架都还未曾建立，更遑论对政府决策的影响和指导。在实践方面，新时代我国人力资源强国战略的实施面临着许多亟待研究和解决的问题，包括人力资源再生产、充分就业和和谐劳动关系、全员劳动生产率提升、创新创业的深入推进、国际顶级人才的培养和引进、技能人才和工匠精神培养、人口老龄化和老年人力资源开发利用等问题。这些理论和实践问题的破解都在呼唤宏观人力资源管理的问世。

党的十九大报告提出："着力加快建设实体经济、科技创新、现代金融、人力资源协同发展的产业体系。”这说明，人力资源是产业体系协同发展不可或缺的重要因素。对于这种人力资源要素，必须在科学的理论指导下，从宏观上进行系统规划和有效管理。毋庸置疑，把宏观人力资源管理作为一个专门领域和学科进行研究和建设确实具有极大的必要性，这种必要性主要表现在以下五个方面的需要：一是人力资源管理学科完整性的需要；二是提高宏观人力资源管理系统性和科学性的需要；三是破解我国面临重大人力资源管理问题的需要；四是创新型国家建设的需要；五是厘清宏观人力资源管理和人才学等相关学科关系的需要。

一部著作原稿摆在我的案头，这是由刘小群、张新岭、孙友然、江游四位作者完成的《宏观人力资源管理概论》书稿。拜读之后，不由得使人欣喜、欣慰。我以为，正是这部对宏观人力资源管理进行专门研究的著作，实现了历史对宏观人力资源管理的期盼。书稿在对我国宏观人力资源管理理论和现实的深入思索和考察的基础上，确定研究的选题、任务和框架，继而深入探索、刻苦钻研，最终完成了国内首部专门针对宏观人力资源管理进行研究的具有概论性质的理论专著。

读完全部书稿，我认为有以下五个特点。

第一，理论性强。书稿对宏观人力资源管理的概念、特点、理论基础、研究框架、运行机理等一系列基础理论问题皆进行了深入的思考和研究，不但提出了独立的观点和体系，而且进行了比较成熟和完整的论述。书稿从管理学的角度，尤其是从战略管理学的角度，以探索具有中国特色的宏观人力资源管理学、保障宏观人力资源战略落实为目标，研究宏观人力资源管理的理论、架构、制度与策略，力求破解我国宏观人力资源发展的重大问题，是人力资源管理理论研究的深化和升华。

第二，原创性强。书稿构建了宏观人力资源管理的理论体系，填补了人力资源管理理论的空白之处，使之与企业微观人力资源管理理论共同构成一个完整的人力资源管理理论构架，为人力资源管理学科的完整性做出了自己的贡献。书稿在许多重要方面都提出了具有原创性的观点，比如把“以人民为中心的发展思想”作为宏观人力资源管理的理论基础之一，论述了人力资源自然生产和社会生产的过程，提出并论述了人力资源效能治理体系，从产权视角对人力资源激励的形成机理和制度安排进行论述等，这些都是具有原创性和独特价值的闪光点。

第三，时代性强。书稿紧密结合时代发展背景，以研究和解决我国当前宏观人力资源管理面临的重大问题为着眼点，使对宏观人力资源管理的研究不是脱离现实的纯理论研究，而是可以指导宏观人力资源管理实践的务实研究。书稿以新时代的宏观人力资源管理为对象，对宏观人力资源管理的理论和方法进行系统研究，论证了中国特色宏观人力资源管理的逻辑体系，在实然的基础上做出了应然的分析，为我国宏观人力资源管理工作的整合优化进行了理论准备。难能可贵的是，在书稿基本完成之时，适逢党的十九大胜利召开，作者们又积极学习党的十九大精神，将党的十九大报告的相关思想体现在书稿当中，更加体现了紧盯时代和理论前沿的特点。

第四，逻辑严谨。书稿遵循理论研究的基本规范，从人力资源管理理论研究的现状和开展宏观人力资源管理研究的背景出发，对我国面临的宏观人力资源管理重大问题进行了深入分析，进而提出研究任务。在具体研究过程中，书稿首先分析了宏观人力资源管理的概念和内涵，然后全方位研究了宏观人力资源管理的基本特征和理论基础，并对宏观人力资源管理与微观人力资源管理的联系与区别进行了分析。在上述基础工作完成之后，书稿对核心问题——宏观人力资源管理的理论提出了原创性的框架，并对其进行了逻辑和功能分析。最后结合我国宏观人力资源管理的现状和问题，用大部分的篇幅对这个框架的基本构成进行了详细而深刻的论述。总之，书稿思路清晰、逻辑严谨、结构完整，符合学术规范。

第五，方法科学。书稿紧紧把握我国作为人力资源大国的基本特征和宏观人力资源发展的基本逻辑，厘清了经济社会发展与人力资源演化跃迁的内在关系，针对发展中的根本性、基础性问题进行了深化、拓展研究，力图找出科学规律和正确方向，引导社会按照人力资源发展客观规律办事。通过实证分析与规范分析相结合、定性分析与定量分析相结合、静态分析与动态分析相结合、个体分析与总量分析相结合的方法，进行了前瞻性的系统研究。

当然，在目前理论界尚未建立普遍公认的、成熟完善的宏观人力资源管理理论体系之际，作为一项初步的探索，书稿的研究成果有可能只是一家之言，不但有进一步完善的空间，而且其理论和实践价值也有待经济社会发展，尤其是人力资源发展实践的检验，但可以肯定的是，书稿的选题和立项本身就具有特殊价值，再考虑到较大的理论难度和复杂的研究内容，不仅书稿最终成果的取得是难能可贵的，而且其也具有很高的学术价值和学科价值。

另外值得一提的是，本书作者的构成也独具特色。江苏省人力资源和社会保障厅原副厅长刘小群同志作为江苏省从事人力资源管理的行政领导，在长期的实践工作中，对宏观人力资源管理理论和实践问题进行了深入思考，产生了许多独特想法，宏观人力资源管理研究就是在他的主导下立项和完成的。张新岭副教授、孙友然教授和江游老师三位作者是长期在高校从事人力资源管理教学和科研的骨干教师，具有较强的创新意识和研究能力，科研成果颇丰。以刘小群同志主导的实践与科研有机结合的研究团队，精诚合作、各展所长，历时近两年，终于取得了可喜的研究成果。

可能由于“宏观人力资源管理研究”课题的评审鉴定是由我主持的，刘小群同志在课题成果转化为书稿、即将付梓之际邀请我作序，我欣然应允。

希望该著作的出版能引起学术界和政府有关部门的关注和共鸣，促进人力资源管理理论以及宏观人力资源管理实践的发展。盼望四位作者与全国相关专家一起为推动宏观人力资源管理理论与实践发展而共同努力，再谱新篇。

是以为序。

赵永乐　教授、博士生导师
水利部人力资源研究院副院长
中国（南京）人才发展研究中心常务副主任
国家首批人才理论研究基地（河海大学）首席专家
河海大学文天人力资源研究院院长
2017 年 12 月 23 日子夜于南京扬子江畔

目　录

第一章 绪　论

资源是人类生存和发展的必要条件，任何资源都要经过人的发现、开发和使用，才能形成对人类的真实贡献，所以人力资源是所有资源价值实现的基础和关键，任何资源都要与人力资源结合起来才能发挥作用，对人力资源的有效管理和开发是充分利用其他资源的先决条件。

人力资源通常是指在一定范围内能够作为生产性要素投入社会经济活动的全部劳动人口（包括体力与脑力）的总和。第二次世界大战后几十年的经济发展和人力资源管理学科研究的成果，使人力资源价值已经在全世界范围内得到了高度一致的认可，世界各国都高度重视人力资源的素质和能力，把人力资源作为国家发展最重要的动力源泉。

第一节　我国人力资源管理研究现状

目前我国理论界所谓的人力资源管理，通常指的是“企业人力资源管理”，如果要谈其他领域的人力资源管理，通常会再加上一些限定词，比如“公共人力资源管理”“高校人力资源管理”“项目人力资源管理”“非政府组织人力资源管理”等。纵观国内外的人力资源管理理论与实践，大部分是微观人力资源管理，宏观人力资源管理的提法都很罕见。

事实上，人力资源作为价值创造的源泉，在国家战略中具有基础性作用，是国家战略顺利实现的基本保障，人力资源管理有宏观和微观之分，把人力资源管理等同于企业人力资源管理是不科学的。对人力资源内涵及现实作用的深入理解，还需要从宏观的角度加以拓展，对人力资源问题的探索，还需要运用更丰富的理论研究去努力阐明、揭示其相互联系。微观人力资源管理关注的是单个组织的人力资源管理；从宏观角度看，作为一个整体的国家或地区的人力资源，也必须进行系统而科学的管理，而且这种管理对于国家发展具有特别重大的价值，但是目前理论界却选择了“集体忽视”，可以说，宏观人力资源管理的缺失是当前人力资源管理理论体系的重大缺陷。

客观说，人力资源管理理论目前的状况有其历史和现实的原因。从历史发展脉络看，人力资源管理的提出和兴起都是微观企业管理范畴内的事件，提到人力资源管理，人们习惯上就是指企业人力资源管理。从现实看，目前人力资源管理被普遍关注，也是因为人力资源对企业发展的贡献被人们普遍理解和认可，人们对企业人力资源管理研究是如火如荼，却无暇顾及宏观领域的人力资源管理。

理论界虽然罕见宏观人力资源管理的提法，[①] 也没有把宏观人

① 在中国知网上搜索篇名里含有“宏观人力资源管理”的文献，只有谢茂拾 2006 年发表在《内蒙古社会科学》上的一篇文章《我国宏观人力资源管理制度剖析与改革路径选择》，另外可以在网络上搜索到比较相关的文献是吴淮平（2002）的博士论文《人力资源的宏观管理研究》和邵昱（2000）的博士论文《宏观人力资源开发与配置研究》。其他论及宏观人力资源管理的文献非常罕见，如俞宪忠（2012）《当代人力资源管理研究的缺陷及其成因》，姚裕群（2007）《论宏观人力资源开发与管理的四大战略》等。在众多的人力资源管理教科书中，只有萧鸣政、姚裕群、赵永乐等的教材中略有涉及。可以认为，宏观人力资源管理还没有成为一个被广泛认可和使用，有特定范畴和研究群体的学术概念。

力资源作为一个整体进行系统研究，但是宏观人力资源管理作为一个事实和研究领域却是客观存在的。目前对宏观人力资源管理问题的研究分散在劳动管理、人才管理、人口管理、教育管理、编制管理、社会保障管理等学科，即宏观人力资源管理的研究被其他研究分解和替代了。各个理论学科和职能部门出于自身研究和工作需要，对宏观人力资源管理进行了重要、独特但是分散的研究，缺乏整体的规划和推进。因此，包括学界和政府，都缺少从宏观角度对全社会人力资源生产和运行的科学规律进行系统性研究。

从实践看，虽然我国缺少系统的宏观人力资源管理理论指导，但我国的人力资源素质和结构却在不断优化，人力资源对我国经济社会发展的贡献不断加大，说明我国对人力资源的开发和使用取得了巨大的成就。着眼于国家长远战略规划，用整体性、系统性的思维来分析我国宏观人力资源管理的现状和问题，会有一些新的发现和思考。及时总结成功的做法和经验并上升为理论，对于从整体上提升我国宏观人力资源管理效率和水平极为关键，在科学理论和系统框架的指导下，我国宏观人力资源管理的思维模式、整体布局和运作方式都会有更大的改进。

第二节　宏观人力资源管理研究的背景

研究宏观人力资源管理首先要对我国所处的发展阶段和环境进行分析，正是在对我国现状和环境分析的基础上，宏观人力资源管理的价值和紧迫性才能认识得更加清晰。

作为一种制度设计和制度安排，宏观人力资源管理应放在国家和社会优先发展的位置重点考虑，这是超越人本主义的价值理念、着眼于人类发展规律的基本判断。我国作为世界上人力资源最为丰裕的国家，不仅人力资源数量最为众多，开发潜力也最为巨大，因此也应更加关注人力资源发展问题，争取通过提高人力资源素质、优化人力资源结构、改善人力资源配置，使人力资源在经济社会发展中贡献更大的价值。事实上，我国自改革开放以来，尤其是加入WTO以来的经济快速发展，劳动力整体优势和人力资源红利的贡献功不可没，巨量的农业人力资源以低廉的价格持续向生产效率更高的工业和服务业转移，极大地加快了我国从农业国家向工业国家的转变，促进了产业从低端向中高端的升级，在经济附加值很低的情况下维持了我国产品在国际市场的竞争力。

当前，世界范围内科技革命和产业变革不断发展，创新驱动正在取代要素驱动、投资驱动成为经济发展的主流方式，而创新驱动的实质是人力资源驱动，人力资源质量的提升、结构的优化将是我国未来经济发展的持续动力。我国必须抓住机遇，抢占科技和产业发展制高点，扩大在世界政治、经济、文化等各领域的影响和话语权，这些都必须依靠人力资源的强力支撑，以人力资源发展推动各方面发展。在我国经济发展进入新常态的特殊时期，由于传统发展动力日益减弱，其所驱动的粗放型增长方式也越来越难以维持，为了实现经济发展保持中高速、产业结构迈向中高端的发展目标，打造经济发展新引擎、寻求经济发展新动力、确保人力资源优先发展成为必然选择。

党的十八大以来，中央的新思想、新理念、新战略、新布局，特别是对“十三五”的发展要求更加突出和关注了与宏观人力资源管理相关的内容。在当前经济社会发展全面转型的关口，全面落实中央提出的“创新、协调、绿色、开放、共享”五大发展理念，其根本就是要使我国从暂时性的劳动力成本优势转化为持续提升的人力资源优势，要更多依靠人力资源的创新创业，依靠宏观层面上人力资源的生产、配置、使用的优化。党的十九大报告提出“人才是实现民族振兴、赢得国际竞争主动的战略资源”的重要论断，首次把人才工作提升到民族振兴的高度进行认识，这是党中央对新时期人才和宏观人力资源价值的崭新定位，明确了人才发展在国民经济中战略性的功能属性。这是在总结实践经验的基础上，对人才和人力资源政策总的方向、目标和思路以及人才和人力资源功能属性的高度概括，也是对经济社会发展规律的深刻总结。

习近平总书记极为重视人力资源的作用，2015 年 4 月在庆祝“五一”国际劳动节暨表彰全国劳动模范和先进工作者大会上的讲话中明确提出，“在前进道路上，我们要始终高度重视提高劳动者素质，培养宏大的高素质劳动者大军。劳动者素质对一个国家、一个民族发展至关重要。劳动者的知识和才能积累越多，创造能力就越大。提高包括广大劳动者在内的全民族文明素质，是民族发展的长远大计。面对日趋激烈的国际竞争，一个国家发展能否抢占先机、赢得主动，越来越取决于国民素质特别是广大劳动者素质。要实施职工素质建设工程，推动建设宏大的知识型、技术型、创新型劳动者大军。”① 这是我国最高领导对宏观人力资源管理总体形势和任务的基本判断，宏观人力资源管理要以此为依据，努力实现我国人力资源发展的宏伟目标。

---

① 在庆祝“五一”国际劳动节暨表彰全国劳动模范和先进工作者大会上的讲话，http://cpc.people.com.cn/n/2015/0429/c64094－26921006.html

李克强总理在2016年政府工作报告中指出："从根本上说，发展的不竭力量蕴藏在人民群众之中。9亿多劳动力、1亿多受过高等教育和有专业技能的人才，是我们最大的资源和优势。实现新旧动能转换，推动发展转向更多依靠人力人才资源和科技创新，既是一个伴随阵痛的调整过程，也是一个充满希望的升级过程。"[①] 由此可知，我国经济发展的新动能就蕴含在我国宝贵的人力资源当中，高度重视并不断加强对人力资源的管理和开发，是我国如期实现全面建成小康社会目标，进而实现伟大中国梦的必然选择。党的十九大报告首次提出要"着力加快建设实体经济、科技创新、现代金融、人力资源协同发展的产业体系"，表明了人力资源发展对实体经济、科技创新、现代金融发展的极端重要性，以及和产业发展之间的相互依赖性。

为应对经济新常态，2015年中央经济工作会议指出，引领经济发展新常态，稳定经济增长，要更加注重供给侧结构性改革。供给侧结构性改革是党中央在我国经济增长动力的核心从投入驱动转向创新驱动的经济增长背景下提出的重大战略布局，重点是着力提高供给体系质量和全要素效率，增强经济持续增长动力。而人力资源作为最具能动性的生产要素将更加重要，充分发挥人力资源的主观能动性和创造性，研究人力资源和其他生产要素的组合配置效率，进而提高全要素生产率及其对经济增长的贡献，这是衡量创新是否成功的重要标准，也是实施创新战略的重要驱动力量。党的十九大报告高度重视加快建设创新型国家，强调创新是引领发展的第一动力，是建设现代化经济体系的战略支撑。要瞄准世界科技前沿，强

---

① 2016年政府工作报告，http://news.xinhuanet.com/fortune/2016－03/05/c_128775704.htm

化基础研究，实现前瞻性基础研究、引领性原创成果重大突破。加强应用基础研究，拓展实施国家重大科技项目，突出关键共性技术、前沿引领技术、现代工程技术、颠覆性技术创新，为建设科技强国、质量强国、航天强国、网络强国、交通强国、数字中国、智慧社会提供有力支撑。为此，党的十九大报告特别提出："要加强国家创新体系建设，强化战略科技力量，培养造就一大批具有国际水平的战略科技人才、科技领军人才、青年科技人才和高水平创新团队。"这充分体现了人才和人力资源在科技创新中的突出地位。创新驱动实质上是人才和人力资源驱动，我国要在创新上实现新的飞跃，必须在创新型人力资源培养上下功夫。我国要按照这个要求，突出加强三类科技人力资源和创新团队的研究，为加快建设创新型国家贡献智慧和力量。

我国"十三五"规划纲要中提出要实施"人才优先发展战略"和"就业优先战略"，这两个"优先战略"都和人力资源密切相关，这充分说明在"人口红利"难以为继的时代，人力资源素质提升和结构优化在经济社会发展中处于极其重要的地位。党的十九大报告把人才强国战略作为重要的发展战略列入全面建成小康社会的七大战略（科教兴国战略、人才强国战略、创新驱动发展战略、乡村振兴战略、区域协调发展战略、可持续发展战略、军民融合发展战略）之中，充分表明了人才强国战略在全面建成小康社会雄伟目标中的重要地位和作用。进一步分析可以发现，党的十九大报告提出的七大战略，都与人才和人力资源密切相关，都需要人才和人力资源为其实施提供保障。因此，研究宏观人力资源管理，探索从政府和宏观的角度进行人力资源管理的理论和方法，提出人力资源管理和开发的战略规划和具体策略，对于促进经济转型升级和长期稳定发展具有重要的理论意义和现实意义。

2016 年 1 月，国家教育发展研究中心与北京科技大学共同合作发布的“2015 年人力资源强国评价报告”显示，我国已经超越部分发达国家，正在跨越人力资源强国门槛。该报告分析表明，我国教育与人力资源开发能力持续提升，整体水平和开发能力持续处于所有发展中国家前列，并已开始在综合排名上超过西班牙、瑞士、奥地利和意大利等部分发达国家，特别在人口规模、劳动力比例、人口年龄中位数、研究与开发经费支出占 GDP 比例等指标方面居于前列，表现出较为强劲的成长性和竞争优势。同时，我国教育与人力资源开发存在深层次的结构性矛盾与潜在问题，人力资源投入不足，可能成为我国人力资源强国建设最大的制约因素。人力资源开发包括教育投入、卫生投入和科技投入，我国人力资源开发结构性矛盾表现为数量结构优势明显、开发贡献表现突出、开发能力不足、质量有待提升，人力资源开发长期处于世界较低水平，对于我国整体竞争能力将产生重大而深远的战略影响。总之，我国人力资源开发的数量优势已经比较稳定，但质量开发方面还有较大的进步空间，亟须将人力资源开发的战略重点转向质量开发方面。由此可见，我国应当改变“重物轻人”的传统投资模式，持续增加教育和人力资源投资，激发亿万劳动者的积极性和创造力，形成更具国际竞争力的制度优势，才有可能更快地赶上发达国家平均水平、进入人力资源强国行列。党的十九大报告提出，要努力形成人人渴望成才、人人努力成才、人人皆可成才、人人尽展其才的良好局面，让各类人才的创造活力竞相迸发、聪明才智充分涌流。有了这样的人才导向、人才环境、人才局面，就有了建设社会主义现代国家的人力资源保证。

第三节　我国面临的重大宏观人力资源管理问题

“十三五”时期是我国现代化征程中的重要阶段，面临国际国内各种变化所带来的许多机遇和挑战，宏观人力资源管理必须积极面对并担负起自己的职责，创造性地分析和解决问题。本节简要论述当前和今后一段时期宏观人力资源管理必须直面的一些重大问题。

一、就业问题

习近平总书记2014年5月首次提出“新常态”的概念，同年年底，在不同场合对我国经济新常态的内涵、特征、任务和趋势进行了全面而深入的阐释。经济新常态因此而成为经济社会发展研究领域的热点词汇，成为对当前和今后一段时期我国经济活动分析的基本背景，宏观人力资源管理的研究也不能离开这一基本态势判断。我国经济发展新常态的基本特征是，经济增长速度由超高速向中高速转换、发展方式从规模速度型粗放增长向质量效率型集约增长转换、产业结构由中低端水平向中高端水平转换、增长动力由要素驱动和投资驱动向创新驱动转换、资源配置由市场起基础性作用向起决定性作用转换、经济福祉由非均衡型向包容共享型转换。[①] 为了应对经济新常态带来的挑战，2015年11月，党中央提出了着力加强供给侧结构性改革的思路和方案。强调今后一段时期的主要任务

① 张占斌. 中国经济新常态的趋势性特征及政策取向 [J]. 国家行政学院学报，2015 (1)：15—20.

是在供给领域强力推进“去产能、去库存、去杠杆、降成本、补短板”，借此提高全要素生产率、优化供给质量、改善供给结构、增强供给灵活性，最终实现供给与需求的动态良性匹配。党的十九大报告提出，必须坚持质量第一、效益优先，以供给侧结构性改革为主线，推动经济发展质量变革、效率变革、动力变革，提高全要素生产率，说明今后我国供给侧结构性改革还将继续向纵深推进。经济新常态和供给侧改革给我国的宏观人力资源管理带来了许多新的挑战，宏观人力资源管理要在迎接这些挑战的同时，助力供给侧改革的成功，这是当前我国宏观人力资源管理研究的重大课题。

从供给侧着手的结构性改革，首先强调的就是供给要素的充分开发和利用，人力资源作为经济发展最重要的供给要素，如何改善其总量、结构以及使用、配置状况是供给侧改革需要重点研究的问题。就业是表征人力资源使用和配置状况的重要指标，供给侧改革对我国的就业会产生重要影响，虽然有学者认为，由供给侧改革所导致的劳动力市场上的短期失业问题并不会发展成为严重的社会问题，[①] 但供给侧改革对就业带来的冲击也必须引起高度重视。因为经济发展的首要目的是改善民生，而就业是普通民众收入之源、是民生之本，社会安定和经济发展只有在就业得以保障的前提下才能实现。经济新常态下的供给侧改革也正是我国经济结构调整、新旧动能转换、产业升级改造的关键，就业的波动难以避免，结构性失业会更加凸显。我们认为，结构性失业是人力资源的素质能力与市场需求不匹配的表现，结构性失业在失业总体中所占的比例越来越

① 刘社建．供给侧改革对就业与劳动关系的影响探讨［J］．中国劳动关系学院学报，2016（6）：6—9．

高，应该成为宏观人力资源管理的重点研究对象。要积极推进就业转型的研究，把握经济发展和产业升级对人力资源的需求，从培养、使用、配置、吸引等多方面满足市场需求，并进行适当的人力资源储备，具体的策略需要政府、学者、企业各方协同深入研究。宏观人力资源管理要体现前瞻性，要预判经济新常态的发展趋势和就业形势的新变化，见微知著。

事实上，供给侧改革对就业造成的冲击是显而易见的。从人力资源的需求角度看，为了实现去产能、去库存、降成本的目标，一些人力资源冗余低效的企业，不得不缩减一部分用人需求以降低成本，提高效率，社会的总体失业现象由此加重。有些利润微薄、需求萎缩的行业会整体性地释放大量人力资源重新进入人力资源市场，所以供给侧改革要求建设更具灵活性的人力资源市场和更完善的就业保障体系。从人力资源供给的角度看，未来几年，每年仍然有 2 500 万左右的人口需要在城镇就业，将每年自然减员空出的岗位考虑在内，每年必须新安排 1 000 万人口就业，才能维持稳定的就业水平，保持城镇失业水平不上升，所以当前及今后几年，我国的就业形势依然严峻。

解决就业问题的对策也可以从人力资源需求和供给两方面来研究。从人力资源供给来看，李克强总理指出："我国有 9 亿多劳动力，其中 1 亿多是受过高等教育和有专业技能的人才，超过了一个大国的人口数量，这对就业来说是压力，但也是宝贵的人力人才资源。"① 对于宏观人力资源管理来说，需要重点研究的是如何提高人力资源的就业能力，而提升就业能力最重要的路径就是教育。我国

① 李克强在就业工作座谈会上的讲话. 求是，中央政府门户网站 www.gov.cn.

的教育改革要探索可以融通不同教育和学历之间差异的科学评价体系，使职业教育及其相关资格证书在就业市场上拥有等值的竞争能力，着力消除人们对职业教育的偏见，消除职业教育和普通教育之间的隔离。构建更加适应经济需求的教育体系，允许并鼓励学生在二者之间自主选择和转换学业及课程，探索并发展多主体联合办学模式，同时发展理论型和应用型交叉学科，普及就业和创业指导课程，重点促进培养学生创新思维的素质教育模式的形成和发展。

从增加人力资源需求来说，宏观人力资源管理必须研究适应产业转型需求、推动就业与创业相结合的就业转型实施策略，助力调整经济结构以激发就业潜力、拓展就业新空间。在此基础上，提高就业弹性，扩大促进就业的综合效益，形成就业与产业结构良性互动的持续动力。要研究服务业吸纳就业的趋势，推动以传统产业就业为主向服务业就业为主转型，不断提高服务业的就业容量。从对人力资源需求的具体类型看，我国缺乏的不是体力劳动者，而是拥有较高智力和技能的人力资源中可以产生高价值增值的群体。而且随着创新经济的发展，今后智力和技能型人力资源的需求将会不断增加，所以宏观人力资源管理要积极研究推动以体力型劳动就业为主向智力和技能型劳动就业为主转型的路径和策略，助力经济转型和就业转型的同步实现。

二、人口年龄结构变化问题

人口是一个国家经济发展最重要的基础变量之一，是人力资源的形成基础。人口的变化直接导致了人力资源数量和结构的变化，会给经济社会发展带来全面而深远的影响。宏观人力资源管理必须高度关注人口变化，及时分析人力资源变化的新形势，采取合适的应对策略。

亚当·斯密认为："国家繁荣最关键的因素是其居民数量的增长。"[①] 我国巨大的人口数量、年轻的人口结构对改革开放以来的经济高速增长贡献巨大。有学者研究认为，1982—2000 年人口抚养比下降对 GDP 贡献的比例达到了 1/4 左右。[②] 随着我国人口预期寿命的延长，出生率的快速下降，我国的人口年龄结构逐渐老化，"2012 年国民经济和社会发展统计公报"数据表明，2012 年我国 16～59 岁劳动年龄人口第一次出现了绝对下降，比上年减少了 345 万人。从 2016 年开始，我国 40～60 岁的人口数量已经开始超过 16～39 岁的人口数量，这意味着未来我国人力资源供给存在断崖式减少的风险。人口基本面的改变将对我国经济社会发展产生根本性、全局性、长远性的影响，经济增速放缓也具有某种程度上的必然性，宏观人力资源管理必须深刻把握人口大势的变化，积极采取措施应对。

所谓人口老龄化就是总人口中老年人口比重不断增加的过程。国际上一般认为总人口中 60 岁以上人口比例达到 10%，或者 65 岁以上人口占 7%以上，就可以认定为进入老龄化社会。2000 年第五次人口普查，我国 65 岁以上老年人口已达 8 811 万人，占总人口 6.96%，60 岁以上人口达 1.3 亿人，占总人口 10.2%，标志着我国已经进入老龄化社会。十几年来，我国老龄化程度不断加深。我国"2016 年国民经济和社会发展统计公报"数据显示，2016 年年末全国大陆 60 周岁以上人口 23 086 万人，占全国大陆人口比重 16.7%，

① F. A. Hayek. The Fatal Conceit. T. J. Press，1989：120.

② Cal Fang，WANG Dewen. China's demographic transition：implications for growth // Garnautr，Song Ligang. The ChinaBoom and Its Discontents. Canberra：Asia Pacific Press，2005：34—52.

其中65周岁以上人口15 003万人，占全国大陆人口比重10.8%，说明我国老龄化程度已非常深，并且老龄化的趋势将会继续下去。

从宏观人力资源管理的角度看，人口老龄化意味着参与劳动生产的人口减少，尤其是最具创新活力的青年人力资源的减少，同时需赡养的老年人口不断增加，从而对人力资源的生产、使用和配置产生一系列影响。宏观人力资源管理必须全面深入地研究人口老龄化的影响，抵消或转化其负面影响，扩大并利用其机遇。我国全面二孩政策、延迟退休政策以及大力发展养老产业政策就是直接应对老龄化的宏观政策。从促进人力资源自然生产角度，为保障全面二孩政策的顺利实施，宏观人力资源管理应研究如何制定与生育政策配套的劳动法规和政策，为女性及其家庭提供更完善的法律和政策保障，减少生育所带来的经济损耗，提高生育意愿。也有学者认为我国应该加快发展婴幼儿看护机构，提高妇女和家庭婴幼儿看护服务的可获得性。[①]

面对人口老龄化，从宏观人力资源管理的视角，研究如何进一步挖掘人力资源供给潜力具有重要意义，它可以对现有人力资源进行更充分的利用。为深入挖掘劳动力供给潜力，宏观人力资源管理可以从多个方面进行探索。在挖掘女性人力资源方面，政府应努力保障女性的就业权益，增加儿童和老年照料等基本公共服务，为女性劳动参与提供便利。考虑到农民工的劳动参与率远高于城市劳动力，宏观人力资源管理应该进一步促进户籍制度改革，推进城镇化和市民化，使农民工人力资源得到充分的开发和利用。从人力资源

① 顾和军，李青．全面二孩政策对中国劳动年龄人口数量和结构的影响：2017—2050 [J]．人口与经济，2017 (4)：1—9.

供给内涵角度看，优化教育资源配置，提升人力资源受教育年限，尤其是加快普及高中教育，可以有效提高人力资源素质，从内涵上增加人力资源供给。

人口红利和人口老龄化是同一个问题从不同角度观察形成的不同表述，其实质都是人口年龄结构问题。人口红利是从劳动年龄人口角度看，劳动年龄人口多，负担比低的时期就是所谓人口红利；人口老龄化是从老龄人口的角度看，老年人口比重越来越大，就是所谓人口老龄化；人口老龄化不断加深就意味着人口红利逐渐削弱。

近年来，面对人口红利不断削弱的事实，已有不少学者进行了深入研究。著名经济学家厉以宁认为改革会给经济发展提供新的机遇，科技投资会产生新的资源红利，释放新的人口红利，替代旧的人口红利。[①] 胡鞍钢从人力资源红利的视角，强调了就业能力的重要性，指出教育的外溢效应通过提高人力资源的就业能力，会极大地促进经济结构调整和现代人口转型。[②] 李群提出劳动人口素质红利的概念，并且通过实证研究表明，在支撑我国经济发展的动因中，无论是潜在数据，还是实际数据，代表劳动人口素质红利的文化强度与技术强度指标，相比人口红利指标而言，更能解释推动我国经济增长的潜力及动力，贡献度也较大。进而提出挖掘劳动人口素质红利，提升科技创新能力；重视教育事业发展，真正提高公民科学素养；提高技术进步，实施创新驱动发展战略；加大职业技能

① 厉以宁. 新三大红利正替代旧红利 [N]. 北京日报，2012－12－17.

② 胡鞍钢，才利民. 从“六普”看中国人力资源变化：从人口红利到人力资源红利 [J]. 清华大学教育研究，2011 (4)：1－8.

培训教育，提高劳动者终身学习能力等政策建议。①

也有学者提出人才红利的概念，认为面对人口红利衰减的趋势，推动经济持续增长需要更多发挥人才红利效应，要从过去的依靠人口红利效应转向依靠人才红利效应。② 所谓人才红利是指由于人才的规模增长及其充分利用所产生的超过同样数量简单劳动力投入所获得的经济收益。③ 国务院总理李克强也使用人才红利的概念，2013 年在国家科技教育领导小组第一次全体会议上强调在今后相当长的时间内，要继续用好“人口红利”，更加注重依靠“人才红利”。④ 2014 年在同国家杰出青年科学基金获得者代表座谈时，李克强总理再次强调，要转变我国过去依靠“人口红利”的发展模式，充分释放“人才红利”，要依靠 13 亿人的创造潜能和无穷智慧，通过深化改革挖掘人才资源富矿，使改革红利与人才红利叠加，推动我国经济在发展中提质增效升级，跃上新台阶。⑤

这些不同术语的表达都指向人口红利的转型升级，宏观人力资源管理的重要任务之一就是要加速实现这些转变，深入研究如何突破体制机制障碍，给创新、创业人才创造更广泛的发展空间，实现经济增长动能的接续和跨越。

三、和谐劳动关系问题

劳动关系是生产关系的重要组成部分，关系劳动者及企业的切

① 李群. 中国劳动人口素质红利与经济增长 [J]. 社会科学家，2016 (1)：61－66.

② 陈井安，王学人. 人才红利效应与中国经济持续增长 [J]. 经济学动态，2012 (5)：33－36.

③ 李克强提最大“红利”，新三大红利支撑未来我国经济，http://views.ce.cn/view/ent/201212/03/t20121203_23899824.shtml

④ 打造中国经济升级版 李克强首提“人才红利”，http://finance.people.com.cn/n/2013/0902/c1004－22769139.html

⑤ 李克强同“杰青”基金获得者代表座谈：深化改革释放人才红利，http://news.xinhuanet.com/politics/2014－08/22/c_1112196004.htm

身利益，对于维护社会和谐和促进经济健康发展至关重要，构建并维系和谐劳动关系是宏观人力资源管理重要任务之一。我国政府历来重视和谐劳动关系建设，在不断出台的一系列劳动法规的规范和引导下，我国总体上保持了劳动关系的和谐稳定。国务院2015年出台的《关于构建和谐劳动关系的意见》，是经济新常态时期指导我国劳动关系工作的纲领性文件。

经济新常态时期，由于经济增速放缓和经济结构调整，劳动关系的稳定性受到冲击，一些隐藏的劳动关系问题被激发，涉及内容广泛的劳动争议事件呈现多发趋势，农民工工资拖欠问题始终未得根治，甚至引发集团停工等群体性事件，成为影响经济持续增长和社会和谐稳定的不利因素。宏观人力资源管理要研究创新和完善构建中国特色和谐劳动关系的体制机制，使劳资双方在短期和长期的利益关系都能得到协调，既使稳增长、调结构、转方式的战略任务顺利推进，又能妥善解决在此过程中由于减员和人员调整而出现的劳资冲突问题，切实维护好广大职工群众的各方面利益。考虑到电商等新型企业用工形式、数字经济和新一代青年劳动者的特点，宏观人力资源管理要研究优化适合经济新常态特点的劳动关系协调模式，探索政府治理和社会治理良性互动的路径，坚持依法、系统、综合和根本治理相结合，力求劳动关系长期稳定和谐，成为经济社会持续健康发展的稳定器。

四、人力资源国际竞争力问题

国家间的竞争，归根结底是人力资源的竞争，人力资源的国际竞争力问题也是宏观人力资源管理必须高度关注的问题。改革开放以来，我国人力资源的国际竞争力大幅提升。前文提到的《2015年人力资源强国评价报告》显示，2000年我国人力资源竞争力排名第31位，之后排名不断上升，2012年上升到至报告发布前最高的第14位。从发展趋势看，我国是所有发展中国家里距离人力资源强国最近的国家。[①] 据世界知识产权组织（WIPO）统计，我国已经成为世界知识创造的重要国家，2016年我国申请专利的数量增加了45%，今后两年有可能超越美国和日本，成为国际专利领域的领先者。[②]

人力资源国际竞争力的提升是一个渐进的过程，我国在取得巨大成绩的同时，也存在许多问题，宏观人力资源管理必须认真面对，寻求解决对策。从国际比较来看，我国人力资源开发的优势主要在数量方面，在质量方面存在较大问题，主要是教育整体开发能力有待加强，尤其在学前教育和高等教育阶段，深层次结构性矛盾比较突出。我国在教育、卫生、科技方面的投资水平一般。从20世纪90年代起，世界各国公共教育投入占国内生产总值的比例普遍在3.2%～5.7%，发达国家高达5%到6%以上，我国自2012年以来基本维持在4%的水平，2016年达到4.22%。人力资源开发投入不足，可能会使我国人力资源强国建设的步伐放慢。宏观人力资源管理必须推动我国整体性人力资源开发，积极构建“学习型社会”和“终身教育体系”，致力于通过深化教育体制改革，进一步提升对人力资源要素的优化培植能力，加强对人力资源要素的聚集、开发和利用能力。以我国巨大的人力资源数量优势为基础，以提升开发质

① 《2015年人力资源强国评价报告》显示中国正跻身人力资源强国行列，http://paper.jyb.cn/zgjyb/html/2016－01/28/content_448883.htm? div=－1

② WIPO：中国专利申请数量激增 今年超日明年超美，http://tech.huanqiu.com/it/2017－03/10320355.html

量为核心，以提高创新创业能力为开发重点，努力构建全社会共同参与的创新人才培养体系，以更有效的科技创新机制来激励人力资源发展和知识贡献，加速提高我国人力资源的国际竞争力。

五、劳动生产率问题

劳动生产率是衡量一国人力资源产出效益的指标，是影响一个国家未来经济成长性的重要因素，也是宏观人力资源管理价值的体现。亚洲基础设施投资银行行长金立群 2015 年 8 月在《人民日报》撰文指出：提高劳动生产率，是未来 10 年我国能否跨越“中等收入陷阱”，由依靠廉价劳动力转向依靠高生产率导向的增长模式的关键所在。[①] 2016 年国家统计局发布的数据表明，从增速看，1996—2015 年，我国劳动生产率大幅提高，年平均增速为 8.6%，6 倍多于 1.3%的同期世界平均水平，近 5 倍于美国 1.6%的增速。但是从绝对值看，我国的劳动生产率仍然非常低。2015 年我国单位劳动产出为 7 318 美元，当年世界平均水平为 18 487 美元，美国为 98 990 美元，我国与其相比差距非常巨大，只相当于美国水平的 7.4%。[②]

作为宏观人力资源管理的效果体现，劳动生产率是必须被高度重视的问题，而提升劳动生产率的策略和途径应该是宏观人力资源管理需要着重思考的课题。为切实提升劳动生产率，宏观人力资源管理必须继续推动我国由以自然资源为主导的发展方式转向主要依靠人力资源转变，更加注重人力资本的增值与持续发展，推动国家扩大人力资本投入、以追求人力资本质量提高为目标，借此来促进

① 亚投行候任行长金立群：中国跨越“中等收入陷阱”提高劳动生产率尤为重要，http://www.guancha.cn/economy/2015_08_11_330153.shtml

② 统计局报告：中国劳动生产率仅是美国 7.4%，http://money.163.com/16/0918/18/C192O4B000258105.html

技术创新，提升劳动生产率。为提高全员劳动生产率，宏观人力资源管理必须创造各类有利于人力资源发挥才能和提升才能的途径。

六、宏观人力资源配置问题

人力资源配置是宏观人力资源管理的重要内容之一，人力资源配置失衡会极大减损人力资源效率。目前我国人力资源配置从行业、地区、所有制、体制等多个维度的分析都表明存在着扭曲和失当问题，而且彼此交织、互相关联，需要统筹解决。由于城乡劳动力配置扭曲问题的广泛性和重要性，宏观人力资源管理可以由此入手，研究减少和消除城乡人力资源配置扭曲的策略，以此为枢纽推进城乡人力资源的合理流动，缓解城市人力资源短缺。研究维持城乡人力资源合理流动和配置的就业和社会保障制度，打破城市人力资源市场分割，尤其是由于行业垄断和所有制不同带来的收入差异导致的人力资源的不合理集聚，使市场和竞争机制在人力资源配置中发挥决定作用。

第四节　研究内容与研究目标

研究宏观人力资源管理，是新时期宏观管理理论发展及实践的需求。从理论上看，从管理学的角度，尤其是从战略管理学的角度，以探索具有中国特色的宏观人力资源管理学、保障宏观人力资源战略落实为目标，研究宏观人力资源管理的理论、架构、制度与策略，解决宏观人力资源管理发展的重大问题，应是人力资源管理理论乃至整个管理理论研究的深化和升华。从现实的角度来看，宏观人力资源管理主要源于两方面的诉求：一是从战略高度寻求解决当前复杂人力资源问题的破解思路是必由之路；二是宏观人力资源的整体调控和治理结构创新是我国目前政府管理体制改革的重要内容。

如前所述，企业人力资源管理是管理学中的显学。但是从宏观视角，对政府应该如何管理整个社会的人力资源进行的研究却非常少，这不能不说是目前人力资源管理理论界一个重大缺陷。本书将以极大的学术热情，投入到这一领域的研究当中，争取构建适应时代要求和中国特色的宏观人力资源管理的理论体系，填补理论界的空缺，使之与企业微观人力资源管理理论共同构成一个完整的人力资源管理理论构架，为人力资源管理学科的完整性做出自己的贡献。

本着这一目标，本书将综合运用人力资源管理的一般理论、人力资本理论、公共治理理论、协同理论、人力资源强国理论、人的全面发展理论、教育培训理论、劳动经济理论、人口发展理论等相关理论，通过实证分析与规范分析相结合、定性分析与定量分析相结合、静态分析与动态分析相结合、个体分析与总量分析相结合的方法，进行开创性的系统研究。

目前，宏观人力资源管理的理论体系尚未建立，需要研究的内容非常庞大和复杂，而且随着经济社会的发展，所涉及的理论学科和实际工作还会涌现很多新的情况，出现很多新的变化。所以，本书的全面、深入、系统和前瞻性的研究不能单纯地从某个学科出发，不能仅对某些问题进行孤立研究，不能强求在短期内就非常深入地把握理论实质，形成严密体系并得到普遍认可。本书的研究需要包括社会科学和自然科学在内的多个学科协同开展，需要从政治、经济、社会、科技、文化等多角度全方位深入考察，需要理论工作者和实际工作者通力合作，需要结合实践发展做中长期专题研究的详细规划。本书将在我国的现实背景下，把握我国作为人力资源大国的基本特征和宏观人力资源发展的基本逻辑，厘清经济社会发展与人力资源演化跃迁的内在关系，针对发展中的根本性、基础性问题进行深化、拓展研究，找出科学规律和正确方向，引导政府和社会按照人力资源发展客观规律办事。

本书将从宏观尺度对全社会人力资源生产和运行的科学规律进行系统性研究，重点从理论研究的角度，用抽象和归纳的方法，以一般意义上的宏观人力资源为研究对象，对宏观人力资源管理的理论和方法进行系统研究，论证中国特色宏观人力资源管理的逻辑体系，在实然的基础上做出应然的分析，进行政策的设计。本书研究的一个出发点是将宏观人力资源管理放在国家战略和国家布局下思考，将人力资源摆到战略高度和枢纽位置，为构建具有国际竞争力的中国特色宏观人力资源管理制度作理论准备。由于政府在我国宏观管理与资源配置中拥有绝对的领导力和调控力，所以宏观人力资源管理中政府的地位和作用必须充分得到尊重和突显。本书将对政府宏观人力资源管理模式进行系统梳理和反思，从政府职能的角度出发，将人力资源的规划、生产、配置、使用、引进、激励、保障均纳入政府的调控与统筹之下，突出政府在宏观人力资源管理方面的基本使命和任务。研究政府人力资源主管部门如何站在理论研究的前沿高地，不断提升统筹全社会人力资源管理的能力。

本书将首先明确宏观人力资源管理的概念，根据概念界定，全方位研究宏观人力资源管理的一般性、动态性、地域性、行政性、经济性、权威性等特征，重点研究人力资源市场机制和政府作用的关系，深入研究宏观人力资源管理战略目标的设定和实现问题，最后提出符合学术规范的宏观人力资源管理理论框架，分析其成因、构成要素、运作机制、环境约束、发展规律和趋势、提升战略和路径等方面。

具体研究内容包括以下几部分：

1. 宏观人力资源管理的基本要素研究

从内容上看，宏观人力资源管理就是一种以人力资源群体经济活动为对象的宏观层面的特殊经济管理活动。本书将从学理上分析这种活动的主体、客体、影响因素、活动方式、目的、意义、规律等内容。所谓主体包括各级政府、社会组织和企业等，研究他们在宏观人力资源管理问题上的立场、方法、目的等方面的异同之处。所谓客体就是宏观人力资源，主要研究作为宏观整体人力资源的数量、素质、结构、流动等特性，尤其注意鉴别其与微观人力资源的区别和联系。所谓影响因素，就是影响宏观人力资源管理效能的限制条件，包括法律、政策、科技、市场、文化等因素。所谓活动方式，就是管理，研究宏观人力资源管理的本质、理论和方法等问题，尤其是对我国改革开放以来所形成的最新的人力资源管理理论成果进行梳理和评论，辨析宏观人力资源管理的自身逻辑与合理边界。所谓目的，就是研究宏观人力资源管理的宗旨、使命、归宿和指向，包括中央和地方之间以及各个部门系统之间目标和手段的协同。所谓意义，就是宏观人力资源管理目标的实现，对于整个国家经济社会发展所带来的影响，尤其是对我国中长期发展目标和“中华民族伟大复兴中国梦”的影响。所谓规律，就是研究宏观人力资源管理发展过程中所形成的独特的、规律性的结论，用以指导中国特色宏观人力资源管理活动更好地实践，这是理论研究的重点。

2. 宏观人力资源管理的理论框架研究

研究宏观人力资源管理的基础理论构成，吸取相关学科的最新理论成果，除了管理学、经济学、行政学、教育学、人口学、人才学、统计学、社会学、心理学等社会科学之外，尤其注重与系统科学、数据科学、信息科学、基础医学、计算机和网络科学等自然科学最新研究进展的结合，构建基础广泛、构成合理、着眼前沿、动态开放的宏观人力资源管理理论体系构架。

宏观人力资源管理不仅是国家整体发展战略的重要组成部分，同时也是制约经济、社会其他方面发展战略效率和成败的重要基础性战略。本书立足于国际国内宏观人力资源发展的最新动态，立足于我国人力资源强国和创新型国家建设的迫切需求，遵循宏观人力资源管理的客观规律和必要条件，构建宏观人力资源管理独立的、具有丰富内涵和外延的内容框架体系，使之具有确定的逻辑基础、相对完整的理论体系和具有可操作性的方法群。

3. 宏观人力资源管理的运行机理和制度设计研究

本书将在理论层面上把握宏观人力资源管理的运行机理，厘清人力资源发展的演进脉络。从宏观人力资源的规划、生产、配置、使用、引进、激励、保障等方面，阐述宏观人力资源管理高效开展的过程和条件，研究宏观人力资源管理实际运行过程的体制、机制、法制、政策，以及环境约束等问题。

国家宏观制度的竞争是全球化竞争中首先比拼的软实力，也是决定微观组织内部制度的宏观基础。对于宏观人力资源管理来说，作为一个有机的系统，其功能的实现，也依赖于国家整体制度结构的合理安排，而不仅是某项制度单独发挥作用的结果。目前我国涉及宏观人力资源管理的制度尚未成熟且正在快速转型，所以宏观人力资源管理的首要任务就是力求进行最优的顶层制度设计。只有运用系统论的方法，从全局的角度，对宏观人力资源管理的各方面、各层次、各要素统筹规划，集中有效资源，才能高效快捷地实现目标。由中央层面做出宏观人力资源管理总体规划和制度安排，增强制度安排的刚性，明确宏观人力资源管理各部分的功能定位，发挥现有优势，聚焦历史传统、现有基础和未来潜力，形成宏观人力资源管理发展大势。宏观人力资源管理制度的完善在为提升人力资本质量创造条件的同时，也会提高人力资源的幸福指数和工作满意度，从而实现人力资源发展手段与发展目的的高度和谐。

从制度经济学的角度看，可以将制度作为一种资源进行供求和均衡分析，宏观人力资源管理制度的供求均衡是宏观人力资源管理效能发挥的基础。但是由于制度供给的稳定性和惯性，在社会快速发展和转型时期，对制度的快速和大量需求远大于制度供给，制度供求均衡往往难以达到。与其他管理制度类似，目前我国宏观人力资源管理制度的供求关系也处于一种严重的非均衡状态，如何实现并保持制度供求均衡应是宏观人力资源管理理论研究的重要内容。具体说就是要鉴别、修改或消除那些不合时宜和有碍人力资源发展的管理制度，及时推出符合经济社会发展和人力资源需求的管理制度，达到宏观人力资源管理制度供求的动态均衡。

4. 宏观人力资源管理的提升战略研究

宏观人力资源管理的研究必须着眼于我国面临的国际国内形势，根据我国宏观人力资源的发展态势和经济社会发展对人力资源的需求，通过国际比较和借鉴，从理论上剖析整体提升宏观人力资源管理效能的战略、路径和方法，为我国在新常态下的经济发展贡献新的发展动能。

本书从宏观角度研究宏观人力资源管理的内在规律、演进轨迹、发展趋势、指标体系，一方面为政府决策提供理论支撑、数据支持和趋势把握；另一方面为进一步深化研究提供系统性的理论框架，拓展和深化研究的主要领域、关键环节和重要节点。本书探究为全社会持续提供人数充足、素质优良、结构合理、配置高效、激励充分的人力资源供给所应有的价值取向和公共政策方向。通过研究，力图以整体性思维、系统性谋划、超前性预测为进一步提升全社会人力资源整体质量和配置效率，推动人口红利向人力人才红利转变，争取在理念引领、政策研究、实践推动等方面提供科学有力的理论支撑和实证检验。以供给侧改革理论作为课题的主线和切入点，全面梳理我国宏观人力资源管理的现状和问题，进而研究政府如何对全社会的宏观人力资源在供给方面进行结构性的调整，分析宏观人力资源管理理论与实践的契合性，在此基础上对宏观人力资源管理的转变方向、基本原则、总体思路、基本策略等问题进行深入研究。

第二章

宏观人力资源管理概念和研究基础

第一节　宏观人力资源管理的概念和内涵剖析

一、宏观人力资源管理的概念

本书认为，宏观人力资源管理是指政府和社会，通过分析人力资源社会总供求的运行规律和影响因素，运用经济、法律、行政等宏观管理手段，对全国或某一地区作为整体的人力资源的生产、配置、使用、引进、激励、保障等方面进行宏观的决策、规划、组织、协调，使得人力资源的总量达到均衡、素质得到提升、结构得到优化，并和国家或地区的经济结构和产业结构相适应，最终促进人的全面发展和经济社会的健康成长。宏观人力资源管理研究就是对宏观人力资源管理的概念、理论、过程、方法等内容进行本质性和规律性的探索，研究的重点是探究政府在面对宏观人力资源管理问题时应采取的价值取向和公共政策方向。

二、宏观人力资源管理的内涵

宏观人力资源管理是对经济、社会发展中人力资源活动的全局谋划和有效控制，是国家宏观管理的重要构成要件，是政府对现实和未来经济社会发展中重大而关键的人力资源问题的基本判断和总体策略。宏观人力资源管理立足于我国人力资源发展现实，思考我国当前与未来对人力资源数量与质量、结构与配置、开发与保障、成长与可持续等重要问题，研究人力资源与相关领域、相关经济事物之间的联系或作用关系，全面揭示宏观人力资源发展规律。宏观人力资源管理关注人力资源的聚集增值如何与产业结构优化升级实现有机整合和促进。就其管理特征来看，作为一种对宏观人力资源发展的战略性管理，宏观人力资源管理的研究重点是人力资源总体的发展状况，致力于改善总体效用，追求人力资源总体发展与经济社会发展的协同互动，所以经济增长、社会和谐、充分就业、生活改善等都应是宏观人力资源管理研究的重要目的。

概括地说，宏观人力资源管理就是要在国家发展背景和环境分析基础上，根据宏观人力资源发展思想、理论和目标的要求，立足于人力资源发展适宜条件和规则的动态变迁，通过宏观人力资源管理最优战略的选择、实施和修订，实现预期的使命和愿景。宏观人力资源管理的总体目标，必须根据国家经济社会的战略目标进行分解和细化，即从人力资源发展层面上解析和落实国家经济社会系统的战略任务。宏观人力资源管理的现实意义主要体现在可以有效指导人力资源问题的解决，因为它是从维护国家和社会全面可持续发展的高度着眼，针对人力资源发展问题进行统筹解决的战略管理。为了实现宏观人力资源管理的现实功能，为经济社会发展创造持续竞争优势，挖掘和创建新的人力资源发展机会，国家必须形成有利于提高人力资源发展质量的综合管理体系，包括促进人力资源效能发挥的治理结构、保障人力资源精确规划的模式和方法、科学的人力资源产权制度等。

根据系统论，为了完成宏观人力资源管理系统的战略任务，在处理好宏观人力资源管理系统内部各子系统目标和相互作用关系的同时，作为国家经济社会发展大系统的一个子系统，必须考虑宏观人力资源管理系统与国家其他社会经济子系统的统筹协同，进而实现优化宏观人力资源管理系统。整体和局部的关系也是宏观人力资源管理需要明确的一项重要内容。宏观人力资源管理关注的是影响人力资源发展整体和全局的事项，虽然必定会涉及某些局部现象，但对于局部的研究是作为全局研究的基础和支撑而存在的，不是宏观人力资源管理的主体和主流。也就是说，宏观人力资源管理会关注重点地区、重点部门和重点人群的突出问题，但是其解决问题的思路主要是通过全盘和长远考虑来涵盖局部地区、微观部门以及各类人力资源的发展方向，使宏观人力资源管理具有坚实而全面的发展基础。

第二节 宏观人力资源管理的特点

根据宏观人力资源管理的概念和内涵，本书认为宏观人力资源管理具有一般性、整体性、战略性、开放性、层次性和动态性等特征。

一、一般性

一般性是宏观人力资源管理的重要特征。与微观人力资源管理不同，宏观人力资源管理关注的是一个国家或地区的人力资源整体，是关于整个社会人力资源总量、结构及其变动的分析。此外，宏观人力资源管理研究的不是某一特定状态下的人力资源问题，而是要研究包含各种情景，也即一般情况下的人力资源问题。微观人力资源管理中许多成熟有效的理论和做法在宏观领域中并不适用，比如对企业个体而言，在经营困难时可以裁减员工以减轻负担渡过难关，而宏观人力资源管理手段中根本就不存在裁员的选项。政府在经济萧条时只能考虑如何减轻企业负担、扩大就业，进而选择增加政府开支、降低税负、举办公共工程、发放失业救济金等公共人力资源政策。

二、整体性

“整体大于部分之和”是宏观人力资源管理的基本立足点。人力资源功能的外部性以及系统内各要素间非线性的作用机制，致使人力资源的有机组合效能远高于部分之间效能的机械叠加。宏观人力资源管理从追求整体利益的高度，积极整合人力资源发展内外部的各种要素和资源。宏观人力资源管理的各个部分、各个因素都存在着复杂的有机联系，是相互影响、相互制约的，每个部分都影响着作为整体的战略。将任一部分从整体中分离出来都会对其他部分产生系统影响，所谓“牵一发而动全身”。当然，整体对部分的制约和影响更为明显和强烈。比如，区域人力资源发展战略作为全国整体人力资源发展战略的组成部分，必须认可和服从其在全国人力资源发展战略的地位和作用，完成其功能和任务，在此前提下制定的区域人力资源战略才有可能顺合整体战略的态势，得到整体战略的支持。

三、战略性

可以从三个方面分析宏观人力资源管理的战略性特征。首先，宏观人力资源管理以人力资源发展的整体和全局为对象，研究人力资源发展关键决策的制定与实施过程。其次，宏观人力资源管理指导和制约着人力资源发展战略过程中各阶段的管理活动，体现了其高层决定性。最后，宏观人力资源管理具有很强的现实属性，它要总体把握人力资源发展的历史和现状，然后通过务实具体的人力资源管理活动集聚各类资源以确保国家层面人力资源战略的落实，体现了未来导向和现实状况的结合。

四、开放性

从宏观人力资源管理内部不同层次战略的协同来看，开放性也是必不可少的。各层次的人力资源战略虽然是各个不同的自组织系统，但他们在宏观人力资源管理系统内部却是作为相互作用的整体共同存在和发展的，必须向其他子系统开放，只是这种开放并不是无条件的，而是有选择、有计划的，各子系统在保持自身相对稳定性的前提下进行有管控的向外界开放。只有这样，各层次的战略才可能在保持各自层次和水平特点的同时，实现协同发展，促进宏观人力资源管理系统整体功能的发挥。从环境变化的角度看，宏观人力资源管理的内外部环境在不断变化，所以宏观人力资源管理的战略和政策也需动态调整，保持较高的开放性。

五、层次性

宏观人力资源管理的层次性可以从三个方面来分析。首先，人力资源是有分工、分层次的，从科学家、艺术家到体力劳动者，对他们的管理策略和方法显然会非常不同。其次，宏观人力资源管理本身也是分层次的，有总体战略层面的设想，也有执行层面的具体规定；有相对长期的规划，也有针对近期任务的应对之策。最后，不同地区和行业的发展水平和阶段不同，也存在较大的层次差异，所以对于这些不同地区和行业人力资源的管理也有所不同，不能一概而论。由于不同层次人力资源管理可能存在矛盾与冲突，为保证各层次战略的协调和总体战略的有效实施，可以采取两种基本的整合思路，即从低级向高级的整合与从高级向低级的整合。比如作为支撑高级战略的局部区域的人力资源战略规划，既要以本地实际为基本立足点，更要准确定位其在全局战略中的地位和作用，实施具有特色的人力资源战略规划。

六、动态性

宏观人力资源管理不仅要对当前人力资源运营面临的问题进行深入研究，更要从动态发展的角度对宏观人力资源管理将来会遇到的问题进行前瞻和预判，提前做好规划和预案。也就是说，宏观人力资源管理的研究对象和研究内容处在持续的动态变化之中，所以宏观人力资源管理的理论、方法和对策也必须进行相应的动态更新和调整。

第三节　宏观人力资源管理的理论基础

一、以人民为中心的发展思想

党的十八届五中全会提出了坚持以人民为中心的发展思想，提出必须坚持人民主体地位的重要理念。我国当前着力推进的供给侧结构性改革，其基本立足点就是把人民为中心的发展思想落到实处。党的十九大报告再一次确认在今后的各项工作中必须全面贯彻落实以人民为中心的发展思想，强调人民是历史的创造者，是决定党和国家前途命运的根本力量。必须坚持人民主体地位，坚持立党为公、执政为民，践行全心全意为人民服务的根本宗旨，把人民对美好生活的向往作为奋斗目标，依靠人民创造历史伟业。

习近平总书记指出，要顺应人民群众对美好生活的向往，坚持以人民为中心的发展思想，使改革发展成果更多更公平惠及全体人民，朝着实现全体人民共同富裕的目标稳步迈进。[①]。习近平总书记从学理的角度指出，发展马克思主义政治经济学，坚持以人民为中心的发展思想，这是马克思主义根本立场的时代要求。具有中国特色的宏观人力资源管理，也必须立足我国国情和我国发展实践，提炼和总结我国人力资源发展实践的规律性成果，把实践经验上升为系统化的管理学说，必须坚持把以人民为中心的发展思想作为根本的理论指导。

以人民为中心的发展思想要求坚持经济社会的发展应以人的发展为主导和归宿，而经济社会发展始终是手段和过程，这种理念与马克思经典理论一脉相承。马克思在《资本论》中曾详细论述了社会财富增长的意义，指出社会生产的目的并不是财富增长，而是为人的自由发展创造条件。财富增长和生产效率提高赋予了人们更多的自由时间，进而使得人们可以不断发展自己的才能和天赋，是人们实现自我发展的条件。以人民为中心的发展思想，对宏观人力资源管理的指导意义，体现在宏观人力资源管理要致力建立和完善以人民为中心的经济发展方式，引导经济社会发展真正把人的发展作为发展目标，把不断发展人民群众的根本利益，促进人的全面提升作为发展的出发点和落脚点。

有学者指出，我国走向发达国家，摆脱中等收入陷阱的重要途

① 习近平在庆祝中国共产党成立 95 周年大会上的讲话，http://cpc.people.com.cn/n1/2016/0702/c64093－28517655.html

径就是要更多把人的发展作为考虑重点，而不是继续把人当作工具。[①] 以资本为主导的资本主义发展在取得巨大文明成果的同时，严重破坏了人与人之间，以及人与自然生态之间的关系。以人民为中心的发展思想指导下的宏观人力资源管理应该深入研究经济增长与人的发展之间的关系，避免发展方向的偏差。经济增长与人的发展是具有共生关系、不可分割、互相影响的整体。经济增长依靠人的增长，经济增长的过程也是人发展的过程，只是二者的方向和速率可能不同步，经济高速增长的同时，可能人们的生活环境越来越差，幸福感提升停滞甚至降低。尤其当前信息技术和人工智能的快速发展有可能导致人类社会控制权、人与机器基本伦理关系的颠覆，以人民为中心的发展思想指导下的宏观人力资源管理应该明确人的发展的中心性和目的性。同时人的工具性也必须得到充分的重视和认可。毫无疑问，所有经济发展的成就都是通过人的智能和科技的发展取得的，人的发展本身就是经济发展最重要的驱动力，人力资源开发和管理之所以在全球范围内受到高度关注和投入，正是因为在经济增长方面的高贡献性。所以人们比较容易在人的工具性和目的性之间迷失，只看到“人力资源”的价值，而忽视了“人的发展”的意义，以人民为中心的发展思想指导下的宏观人力资源管理必须始终坚持人的工具性和目的性的统一，高度明确人的发展的优先性和根本性。

从历史发展的角度看，人的发展嵌入经济发展的过程，经济发展依托人的发展，经济的可持续发展，应是以人民为中心的发展。

---

① 毛寿龙：把人当工具难以摆脱中等收入陷阱，http://view.163.com/15/0506/10/AOU6J21800012Q9L.html

我国目前面临的经济新常态的本质是转型升级，而人的转型是所有转型的核心，只有人的思想和能力真正转型成满足未来经济发展需求的模式，产业和社会转型才能顺利实现。经济基础决定上层建筑，上层建筑反作用于经济基础是辩证唯物主义的基本观点之一。以人民为中心的发展思想指导下的宏观人力资源管理要提高经济发展中人民共建的水平，不断激发人们的创造性，促进各类人群积极参与经济活动，贡献聪明才智，保障经济发展活动的持久动力。要更多地从人的主体意义和需求满足的角度来思考经济发展的政策和现实，在制定经济政策时充分考虑人的因素，超越仅仅把人当成工具的“物本主义”的思维逻辑。人民主体地位必须得到充分的尊重和坚持，社会生产和分配必须以人民群众的实际参与和意志表达为基础，实现共建共享。在此基础上，遵从经济发展规律，构建合理经济制度来最大限度满足人们的物质文化生活需求，在整体理解和把握以人民为中心的发展思想内涵的同时，更要着力将其落实在各项具体人力资源管理事业中。

二、人力资源强国理论

从宏观的角度研究人力资源的开发与管理问题，要坚持以人为本和可持续发展的理念，紧扣建设人力资源强国的战略部署来展开。一般来讲，人力资源强国有两层含义，一是“以”人力资源强国，二是“建”人力资源强国。所谓“以”人力资源强国，就是“以”人力资源来强大国家，实质上就是通过人力资源服务经济社会发展，推进实施人力资源强国；所谓“建”人力资源强国，就是建设成为人力资源的强国，要实现这一目标，也必须在加强宏观人力资源管理的过程中才能完成。

人力资源强国战略是我国赶超发达国家的历史选择，从“人力资源大国”到“人力资源强国”，其重心是人力资源质量的飞跃。人力资源强国战略对于宏观人力资源管理来说至少包含三方面的重要内涵：一是重视国家整体人力资源的开发，努力使我国整体人力资源的开发规模、结构和质量居于世界领先地位；二是激发每个公民个体的潜能和价值，促进人的全面发展，为我国持续发展提供强大的人力和智力支撑；三是使人力资源与人口变迁、经济发展、教育培训、资源配置、社会保障等实现动态适应、和谐发展。人力资源强国战略把人力资源作为推进事业发展的关键因素，以人力资源战略作为科教兴国等其他层面的出发点，在其指引下，宏观人力资源管理通过建设人数充足、构成丰富、合作高效的人力资源队伍，促进我国国际竞争力的整体提升，加速实现人力资源强国战略。

三、人的全面发展理论

宏观人力资源管理最终理想化的愿景应该是“人的全面发展”的实现和社会的健康协调发展。从根本上说，只要人的潜能没有被充分挖掘，人的主观自觉和能动性没有被充分激发，人的全面发展就没有实现。党的十九大报告再一次明确，必须不断促进人的全面发展、全体人民共同富裕和社会全面进步。

人的全面发展涉及政治、经济、文化、社会、科技等多种因素，是一个实践的、历史的、发展的过程，从理论上分析宏观人力资源管理与人的全面发展思想之间的逻辑关系，有以下三个特点。

1. 两者具有共通的“发展”内涵。人的全面发展就是人的需求的全面发展，人的需求不仅包括较低层次的物质需求和生存需求，还包括能力发展在内的各种高层次的需求。而宏观人力资源管理也具有类似的内涵，也就是说，宏观人力资源管理不仅要研究改善人力资源基本物质生活的满足方式和水平，更要着重研究更有价值的人力资源能力的开发和利用。因为人力资源是最有价值的经济资源，其能力的充分开发意味着作为社会生产生活的主体，认识、把握和利用自然历史规律，以及改造自然和社会能力的发展。

2. 两者互涵互摄，共进共退。人作为一个含义最为丰富的范畴，从实际指代上可以是个人、群体、人口等多种对象，所以，人的发展也可以有指代多种不同含义的追求。社会中每一个个体发展程度越高，越趋向全面发展，宏观人力资源发展的水平也就越高，宏观人力资源管理最终愿景越接近实现。虽然个体发展与宏观人力资源发展的总体方向一致，但是宏观人力资源的发展在许多方面为个人发展提供了参照标准和价值目标。

3. 二者具有相同的实现路径。人生活在自然和人造环境中，人与自然、社会的协调发展是实现人的全面发展的现实路径。同样，宏观人力资源管理也必须与人力资源和物质资源相匹配，在与经济、社会发展相协调的过程中不断完善。

宏观人力资源管理在理论上响应了人的全面发展思想的现实诉求。与人的全面发展思想的发展历程类似，宏观人力资源管理理论也要经过一个从提出、接受到不断完善和发展的过程。这个过程在我国还面临着许多困难和阻力，特别是长期的人事管理传统和现实强势的微观人力资源管理影响，是宏观人力资源管理亟须突破的重大课题。从研究范式上，要超越传统和微观人力资源管理研究的框架，广泛吸收经济学、管理学以及哲学、社会学的最新理论成果，拓展宏观人力资源管理的研究疆域。要不仅研究人力资源数量、质量、结构等自身常规静态问题，更要从人力资源与经济、资源、环境之间相互作用的制度关系中去研究社会整体发展运作的特点和规律。因此，大力推进作为人的全面发展思想理论回应的宏观人力资源管理理论的创新发展，应成为经济和管理学界的重要学术任务。

四、人力资本理论

一般认为，现代人力资本理论起始于 20 世纪 60 年代。半个多世纪以来，人力资本理论为经济和管理理论贡献了大量新的理念、理论和方法，在实践应用中被证明是卓有成效的，目前人力资本理论已经成为主流经济学和管理学理论的支柱性组成部分。党的十九大报告提出要加快建设制造强国，加快发展先进制造业，推动互联网、大数据、人工智能和实体经济深度融合，在中高端消费、创新引领、绿色低碳、共享经济、现代供应链、人力资本服务等领域培育新增长点、形成新动能。人力资本理论认为人力是一种资本，在经济发展、社会进步和科技创新中发挥着重要作用，尤其在生产制造领域，人力资源不仅是一种生产要素，更是一种可以支配和调控其他资源，使其他资源的效能达到最大化的能动性资本。经济的可持续发展和社会发展模式的良性转变，必须超越传统以物质资本为核心的模式，转向人力资本价值与能力的认知和充分开发。

根据政治经济学的基本理论，将人力资源作为商品进入生产和流通领域，就是人力资源的资本化过程，人力资本就是对人力资源进行投资形成的，存在于人体内具有经济价值的能力。长期以来，我国的经济和管理学界，主要是沿用西方的基本理论和范式来研究我国的人力资本问题。从马克思主义政治经济学的基本理论出发进行的研究却处于弱势和边缘地位。值得一提的是，前几年我国著名经济学家刘福垣对人力资本概念进行了政治经济学立场的重新阐释，他对人力资本、人力资源、可变资本之间的区别和联系进行了深入研究，指出政治经济学意义上的人力资本，应该理解为劳动者所拥有的那些可以借其参与剩余价值分配的能力，人力资本家（人力资本所有者）与物质资本家（物质资本所有者）的结合是一种双向雇佣的关系。[①]

对人投资的结果形成人力资本，教育、培训、医疗、保健、流动等都是典型的人力资本投资方式。但是从宽泛人力资本的内涵上看，可以将人力资本投资活动理解为所有能够提高人未来收益能力的各种投入。可以从宏观、中观和微观三个层次分析人力资本投资的主体，宏观层次的主体就是国家或区域的政府；中观主体就是以企业为主体的各类用人单位和社会组织；微观主体是指家庭和个人。人力资本产权及投融资体制改革对经济社会发展和人民生活质量提升具有重大意义，当前许多社会热点、难点问题，如教育、医疗、社保、住房等，其核心都与人力资本投资和权益问题密切相关，只有理顺人力资本产权及其投资和激励体制才能有助于问题的解决。

国内外的相关研究结论表明，不管是从个人还是从社会角度考虑的收益率，人力资本都比物质资本更高而且外部性更强。对个人收益而言，人力资本投资有利于促进和维持劳动者身心健康，提升人力资源素质和能力，激发人力资源创新和创业活力，提高客观生活质量和主观幸福度。对社会收益而言，人力资本投资可以促进角色分工和社会身份转变，调整分配结构和分配关系，促进教育和保

① 刘福垣. 重新认识人力资本的科学内涵 [J]. 中国人力资源开发，2010 (1)：5—8.

健消费，进而有效增进社会福利和民众素质，推动整体技术整合和跃迁，显著增强国家综合实力和竞争力。人力资本的状况和作用与经济发展方式的转换之间具有密切联系，对于进入经济新常态的我国经济发展而言，进一步重视并加大人力资本投资力度是推动经济发展动力转换、实现产业结构升级和创新能力提升、保障持续健康发展的必由之路。

五、协同理论

形成政府、市场以及利益主体之间的良性协同互动，是我国宏观人力资源管理战略制定、实施和评估的客观需要，也是创新政府管理体制，寻求应对复杂人力资源局面的必然途径。

所谓协同，就是为了更好完成多个因素共同参与的活动，更好实现共同目标，而对这些要素进行协调整合的行为。在我国当前的宏观人力资源管理活动中，政府与其他相关主体之间的协同互动不足，需要转变观念，大力加强和完善宏观人力资源管理的协同体制机制。改革开放以来，我国原先“总体性体制”的状态和运行机制发生了巨大变化，政府、企业、市场的功能逐渐明确，“分立性体制”逐渐形成，社会生产效率大幅提升。但在对国家的经济管理中，不管市场、社会、企业、个人的功能如何加强，政府的主导作用仍是不可否认和代替的。所以，根据经济社会发展的现实和长远需求，促进宏观人力资源管理各参与方的协同互动，是宏观人力资源管理发展的必由之路。要建立和完善宏观人力资源管理可持续发展的综合决策机制，尊重和发挥市场功能，使市场机制最大限度地决定人力资源的优化配置，就必须充分认识社会组织在宏观人力资源管理中的积极作用，建立高效的宏观人力资源管理良性协同互动体制。

有效地用好人力资源，是一项政府起主导作用的国家战略高度的人力资源系统工程，需要各参与主体的协同运作。政府主导是满足社会人力资源需求的重要保障，是政府从国家利益出发，为实现国家战略上均衡协调的发展目标，使人力资源发展满足经济社会发展的持续需求，对人力资源总量、结构、流动等方面进行宏观把控和协调。宏观人力资源管理就是要在政府的主导下，为市场和社会力量发挥作用建立渠道，并持续推进协同机制的完善和发展。在目前情况下，宏观人力资源管理要着力加强市场和社会的功能，促进政府职能转变，简化政府操作，减少政府直接审批和管理的事项，使市场和社会的活力充分释放。政府要大力推进宏观人力资源管理领域的“放管服”改革。所谓“放”就是政府要下放更多涉及人力资源的行政权，减少没有法律依据或法律授权导致的对人力资源使用和流动的限制；厘清人力资源和社会保障部门、教育部门、工商部门等各部门的职能问题。所谓“管”就是政府部门要创新和加强对企业人力资源管理和使用的监管职能，利用大数据、互联网、人工智能等新技术加强监管体制创新。所谓“服”就是转变政府人力资源管理职能，减少政府对人力资源市场的干预，将可以由市场决定的事推向市场，减少对人力资源市场主体，包括企业和中介等组织过多的行政审批等行为，降低各主体在人力资源市场中运行的成本和费用，激发人力资源市场主体的活力和创新能力。要加快推进人力资源利益调节机制的建立，制定有效政策推动人力资源保障服务的实施，重视市场竞争机制的作用条件，通过多种形式吸引各种性质的社会主体参与宏观人力资源管理服务，其中政府购买服务，公共项目的招投标等形式都是可以重点探索的方式。为了达到政府和社会的共赢局面，宏观人力资源管理中社会力量的参与非常重要，政府要主动分离一部分社会服务和管理的职能，创造条件使社会力量方便承接。

党的十九大报告重申了十八届三中全会提出的“使市场在资源配置中起决定作用，更好发挥政府作用”。人力资源市场也应该在人力资源的配置中发挥决定性的作用，虽然目前还难以做到，但这个方向是明确的。宏观人力资源管理要推进人力资源市场的建设，通过市场作用把人力资源配置到社会价值最大的地方。更好发挥政府作用的目的也是为了使市场的决定作用发挥得更充分、更顺畅，因此政府和市场机制要进行更深度的协同共促。

六、治理理论

20 世纪 80 年代末期，治理理论在西方国家和国际组织中兴起，迅速被政府和学界接受，为传统的政府公共管理理论与实践提供了新的理论和思路，现在已经成为公共管理理论的重要理论流派，对提升公共管理效率和社会各方满意度有重要贡献。治理理论对政府在社会运行中的地位和作用进行了反思，深入研究了政府与市场、社会、公民的基本关系，提出了新的理解。我国正在推进政府管理体制改革，传统的“管制型政府”日益被“服务型政府”所取代，如何提高公共产品和服务的质量与水平逐渐成为政府的工作重心。党的十九大报告明确全面深化改革的总目标是，完善和发展中国特色社会主义制度、推进国家治理体系和治理能力现代化，并且提出到 2035 年，我国国家治理体系和治理能力现代化基本实现；到 21 世纪中叶，实现国家治理体系和治理能力现代化，成为综合国力和国际影响力领先的国家。

为了赢得全球人力资源竞争的优势，宏观人力资源管理在政府的职能视野中所占的分量将越来越重，如何进行高效的宏观人力资源管理，是政府面临的重要课题，治理理论提供了重要的理论指导。政府要理解治理理论的理念和实践趋向，针对我国宏观人力资源管理面临的境况，下决心为形成宏观人力资源管理“善治”的局面，革新原先的宏观人力资源管理模式，将治理理论的理论愿景变为现实。

根据治理理论，宏观与微观治理、长期与短期治理的深度有机结合应是宏观人力资源管理更好发挥效能的必要条件。之所以这么理解，是因为新时期的宏观人力资源管理首要的目的是在目标管理模式下，保障宏观人力资源战略的科学制定与顺利实施。宏观人力资源管理框架的构建和实践的开展，存在着各级政府、企事业单位、非政府组织、人力资源中介以及个人等具有决策能力的主体，也就是拥有多个决策中心。这些决策中心遵循一定的决策规则，以各自独特的方式对宏观人力资源管理施加着主体性权力的影响。这实际上是一种多中心的治理结构，其中政府的宏观决策和协调、市场的配置和导向、用人单位的使用和开发、人力资源个体的选择和流动都不可或缺，也不可越位。在当前状态下，尤其要积极鼓励人力资源主体参与相关管理决策的积极性，增强宏观人力资源管理决策和评估的民主性。

根据治理理论，我国政府在宏观人力资源管理体系中传统的行政管理角色要逐渐被宏观人力资源管理的引导者和保障者所取代。也就是说政府既统筹协调宏观人力资源管理的总体规划和领导，又要保障宏观人力资源管理体制的运行经费和环境。目前，我国行政管理中的条块分割和权责不清的情况，在宏观人力资源管理方面也有深刻体现，短时间内难以根本改变，相关部门的深度协同以及对人力资源问题的快速应对能力受到限制。

由于市场经济中单一的政府职能部门改革难以奏效，所以，我国宏观人力资源管理体制的变革，必须依靠政府治理理念、治理模式的建构，强调个人和用人单位对宏观人力资源政策的参与和实践，进而在明确相关部门所享有的权利与义务的基础上，逐步改变宏观人力资源政策在人们心中的预期结果并选择新的行为内容。

以治理理论为指导的宏观人力资源管理改革，符合公共行政发展的规律和趋势，可以弥补政府和市场在宏观人力资源调控和协调过程中的某些不足。它由官僚理念、行政理念向服务理念、责任理念转变为切入点，从信息化、市场化和法治化的时代要求出发，实现了人力资源“善政”理念到人力资源“善治”理念的转变。包括重构宏观人力资源管理秩序、提升宏观人力资源管理效益和服务经济社会发展在内的目标，都是治理理论视野中宏观人力资源管理的重要功能目标，都需要通过政府、社会、市场、企业和个人在内的多种主体深刻互动，才能有望最终实现人力资源发展目标。构建宏观人力资源管理秩序和提升宏观人力资源管理效益的主要任务包括改革和完善传统人事管理制度、科技与教育管理制度、劳动与用工制度以及优化人力资源产权制度，积极促进就业创业、发展职业培训和继续教育事业，不断提高人力资源素质，充分利用和开发人力资源潜力，拓展开发效益，保障人力资源合理流动等。而宏观人力资源管理的现实出发点和落脚点是服务经济社会发展，宏观人力资源管理所取得的一切成果都必须用对经济社会发展的贡献来检验。

第四节　宏观人力资源管理与微观人力资源管理

无论是自然科学还是社会科学研究中，都经常将研究对象分为宏观（Macro）和微观（Micro）两个层面进行分析，这样的方法有助于研究对象的聚焦、研究任务的划分以及研究方法的选择。

本书认为，如同社会上许多其他现象都有宏观和微观之分一样，人力资源管理也应该从宏观和微观两个基本层面进行分析，二者相辅相成，共同构成完整的人力资源管理理论。宏观和微观是密切相关的，将人力资源管理区分为宏观人力资源管理和微观人力资源管理，不是要割裂二者的联系，而是为了对其进行深入的客观分析，只有确定好研究对象，选择合适的研究方法，才能得出更加深刻而全面的研究结论。

所谓宏观人力资源管理是在与目前主流的微观人力资源管理进行对比分析的基础上提出来的。有必要深入分析宏观人力资源管理和微观人力资源管理的联系与区别，以明确宏观人力资源管理的内涵和特点。根据辩证法的基本原理，宏观与微观、整体与个体、总量与个量这些概念既相互区别，又相互依存。总体、总量由个体、个量综合而成，故宏观理论必然以微观理论为基础。而个量和个体也无法离开总量和总体而存在，没有总体就没有个体，所以宏观理论又是微观理论的指导和前提。但宏观人力资源管理作为一个独立的概念提出来，其目的也就是在于和以厂商、企业为主体的微观管理相区别，因此，宏观人力资源的管理与微观管理紧密联系的同时也有其显著的特征。

一、宏观人力资源管理与微观人力资源管理的区别

宏观人力资源作为一个整体集合的特征，与人力资源的个体特征有许多不同，因此宏观和微观人力资源管理也有着不同的研究内容。有些企业人力资源管理的理论、方法和技术在宏观人力资源管理领域是不适用的，甚至是不需要和不存在的，比如对于每一个企业都必须开展的招聘和录用工作，在宏观是不存在的。

（一）基本内涵比较

宏观人力资源管理研究的内容包括宏观领域中人力资源的总供给和总需求，人力资源的自然生产与社会生产的特点和规律，人力资源的宏观配置效率，人力资源市场的运行规律与建设，人力资源开发、激励、评价的理论、方法、技术，人力资源发展与经济增长的互动关系，宏观人力资源管理的制度需求与供给等重要问题。

微观人力资源管理，目前多以管理学、经济学、心理学为理论基础，以“人本思想”为指导，主要应用管理学的方法，通过规范和优化企业人力资源的规划、招聘、培训、薪酬、考核等工作，达到企业人力资源的优化配置和高效工作，以提高人力资源的使用效率和企业的竞争力。

（二）主、客体比较

宏观人力资源管理的主体是政府和社会；微观人力资源管理的主体是企业、社团等独立的个体组织。

宏观人力资源管理的客体是整个国家或地区中作为整体的人力资源；微观人力资源管理的客体是企业内的人力资源总体和个体。

（三）定位比较

前文已经说明宏观人力资源管理是战略管理。理论上，微观人力资源管理的价值也是要体现在对企业战略价值的贡献上的，所以在这一点上，微观人力资源管理和宏观人力资源管理是相同的。本书对宏观人力资源管理的战略性做进一步的阐述。宏观人力资源的开发与管理，首先是一个战略问题，之后才是政策问题，特别是考虑到国家长远利益和发展全局的战略布局，宏观人力资源管理是一个必须重点考虑的战略选择。

国家宏观管理者必须运用战略思维和视野，将战略管理的观念贯穿于宏观人力资源管理整个过程的理性规划和机制、政策安排。通过战略规划手段，将国家的使命与人力资源联结、整合在一起。宏观人力资源管理不仅仅停留在结构概念或者管理流程上，还要落实在国家人力资源管理系统构建的理念与运行机制中。为保障人力资源的需求、充分发挥人力资源的价值，管理者必须有战略考量，对具有战略价值人力资源的总量、素质、结构、分布、流动都要有详细的运筹谋划。宏观管理者必须对人力资源可持续发展进行前瞻性的规划，把当前与未来的需求结合起来统筹考虑，使当前的人力资源活力充沛、能够支撑经济社会健康发展，并为未来的人力资源需求做好储备，保障经济社会的可持续发展。

从管理的地位层次说，相对于微观人力资源管理，宏观人力资源管理是处于上位的管理。宏观人力资源管理关于人力资源运行的法规、制度及政策的选择和设定，是微观人力资源管理的环境和条件，制约着微观人力资源管理的发展。宏观人力资源管理中许多具有强制性的法律和政策，限制了微观人力资源管理的规章制度；有些具有倾向性和指导性的做法，对微观人力资源管理有着显著的引导和激励作用。

（四）研究方法比较

从方法论的角度看，抽象和归纳是管理学科必备的方法，人力资源管理也是如此。宏观人力资源现象和活动纷繁复杂，需要研究者高度的抽象和归纳能力，在大量调查的基础上，进行深入的理论思索，去除干扰和假象，抓住本质；摒弃枝末和粗劣，研究主干和精华，最后形成可以解释和指导宏观人力资源发展的理论。所以与微观人力资源管理相比，宏观人力资源管理处于科学抽象的更高层次，宏观人力资源管理研究需要更强的抽象能力和更规范的理论框架。

（五）管理手段比较

宏观人力资源管理是一项涉及广泛的全社会的系统工程，是许多不同经济管理部门的共同职责，采用的管理手段包括经济、行政、法律等，表现形式为政策、法规等。这是与厂商、企业等的微观管理手段不同的，厂商、企业主要是遵循心理学的定理，采用奖惩、激励等手段，因为他们所针对的是单个的或小群体的管理对象。而对于一个国家或地区来说，如何更好地利用其人力资源，仅运用奖惩、激励等手段显然“力不从心”，而必须采用经济、法律、行政等宏观手段对其进行引导、干预、调节和规范。

二、宏观人力资源管理与微观人力资源管理的联系

尽管宏观和微观人力资源管理的研究方法和指导思想有许多不同，但二者并不是割裂的。

强调人力资源管理研究的宏观视野，并未否定人力资源微观角

度对开发与管理技术的探索；相反，宏观层面和微观层面的研究是互涵互摄、相辅相成的。我们重视宏观人力资源管理，也绝不轻视微观人力资源管理，二者缺一不可，既需要宏观上有力的教育和就业政策来推动人力资源整体的使用和发展，也需要微观上非常严密而科学的人力资源管理的手段。只有把宏观和微观有机地结合起来，互相借鉴和促进，才能构建基础牢固、卓有成效的人力资源管理完整的理论体系，为推进人力资源强国战略的实现做出理论贡献。

在有机的系统中，宏观和微观互相关联，宏观整体为微观要素设置了基本背景和边界。通常，一个微观层面大量存在的现象一定程度上都反映了宏观层面的某些问题，都可以在宏观层面找到现象的根源。比如企业人工成本提高和招工难的问题，这实际上反映了宏观层面最低工资设定、教育结构和就业结构等问题。宏观人力资源管理要通过各种方式引导和调控企业微观人力资源管理的实践，使得宏观政策落到实处。简而言之，宏观人力资源政策要符合企业微观人力资源管理的需求，比如教育改革和人力资源市场建设等，只有每个企业的人力资源都充满活力，宏观人力资源政策才能视为成功，也就是说，宏观人力资源管理成功与否要以企业人力资源实践的效果和满意度为检验标准。

第三章

宏观人力资源管理理论框架分析

第一节　宏观人力资源管理理论框架的逻辑分析

一、宏观人力资源管理理论框架研究

本书认为，从逻辑和功能考察，宏观人力资源管理应该由以下七个部分组成：人力资源规划、人力资源生产、人力资源配置、人力资源使用、人力资源激励、人力资源引进、人力资源保障（见图3—1）。这几个组成部分在逻辑上是紧密相关的，各自实现了宏观人力资源管理无法替代的一部分功能，共同构成了宏观人力资源管理完整的系统。

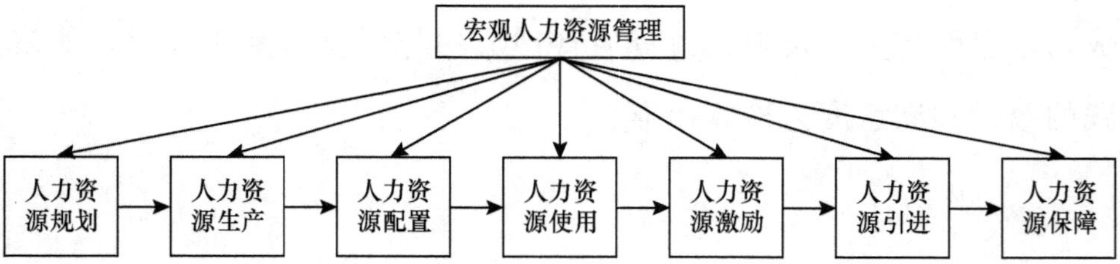

图 3—1　宏观人力资源管理理论框架

二、宏观人力资源管理理论框架的逻辑分析

从逻辑上看，宏观人力资源管理必须首先根据国家经济社会发

展目标、人力资源现状和发展趋势，对人力资源的需求和供给进行预测和规划，以此为依据，确定宏观人力资源管理的基本价值取向，确定后续人力资源工作的发展方向。人力资源规划，就是对国家和地区的人力资源存量进行全面盘点，分析现有人力资源对宏观战略的准备度。对人力资源存量的全面分析，可以避免宏观人力资源战略脱离资源禀赋的实际，从而更有利于宏观战略的制定和执行。所以，人力资源规划是宏观人力资源管理的起始阶段。

按照政治经济学的研究思路，在确定方向之后，宏观人力资源管理要面临的第一项工作就是人力资源的生产，应该从人力资源的自然和社会的双重性质进行深入研究，主要就是研究生育和教育问题。在完成人力资源生产，离开学校系统之后，人力资源必须通过流通领域进入消费领域，也就是进入人力资源配置和使用阶段。在配置阶段，人力资源通过自由流动和自主择业，实现与物质资料的结合；在使用阶段，通过科学和人本管理，使人力资源的价值和能力得以实现。所以人力资源生产、配置和使用是宏观人力资源管理中人力资源价值的提升和实现过程。

宏观人力资源管理关注的不仅是静态的人力资源现存能力的发挥，更关心人力资源潜能的开发，所以人力资源激励也是宏观人力资源管理的题中之义，也就是从动态的角度，研究如何通过评价和激励等手段激发人力资源的动机和潜能。

在我国改革开放和全球经济一体化的时代，宏观人力资源管理不可能把我国的人力资源作为一个封闭和孤立的系统进行研究，而必须考虑和外界的交流与合作，尤其是我国还处在发展和赶超的阶段，研究如何更好地引进国际优秀人才来华工作也就成为特别重要和紧迫的任务，所以人力资源引进体现了宏观人力资源管理系统的开放性，是其中的重要组成部分。

所有上述宏观人力资源管理工作都必须在良好保障的基础上才能顺利完成和实现，人力资源保障是宏观人力资源管理系统完整性的要求，是宏观人力资源管理最后一个不可或缺的组成部分。

第二节　宏观人力资源管理理论框架的功能分析

宏观人力资源管理是从宏观和整体的角度，以一个国家或地区的人力资源总体为研究对象，通过规划、生产、配置、使用、激励、引进、保障等手段，为实现国家和地区的战略目标提供支撑。

一、宏观人力资源规划

所谓宏观人力资源规划，是以国家发展战略为依据对整体人力资源的需求和供给进行预测和规划，是宏观人力资源管理的前提和基础。

随着我国经济发展水平的提高和产业结构调整的不断推进，我国发展对人力资源整体的总量、素质和结构要求不断发生变化。而人力资源作为一种需长期投资形成的生产能力，其生产周期很长，具有很强的刚性，其总体供给在短期和中期都难以机动调整。因此，政府在人力资源生产政策上需要非常慎重，不仅考虑当前，更要考虑政策的长期影响，而这些长期影响很可能是重大而且不可逆的。政府要借鉴发达国家经验，根据我国经济社会发展现状和未来趋势规划预测主要人力资源的需求状况，指导和调控宏观人力资源生产和开发，保障国家战略规划的实现。

一方面，宏观人力资源总量的动态供求均衡是宏观人力资源规划需要达成的首要目标，这个目标的实现对经济社会的健康发展非常重要。所谓动态的人力资源均衡，是指一定时期内，人力资源总需求量和总供给量的差异在可接受范围之内，当期人力资源数量的增减处于均衡状态，符合经济社会发展的预期，就能够满足经济社会发展需求。

另一方面，宏观人力资源规划要实现人力资源结构的优化调整，这要同时发挥政府宏观调控作用和市场调节作用。政府一要通过出台成系列的人力资源政策，保证人力资源结构能够得以战略性调整；二要通过出台产业升级政策，引导人力资源结构能够适应产业结构战略性调整的需求而优先调整。同时，政府还要加强对人力资源流动的政策引导和监督，发挥财政、规划、投资、税收、金融等经济手段的杠杆作用，使产业发展与人力资源发展协同推进。

不同的制度框架使宏观人力资源规划与微观组织的人力资源规划之间存在诸多差异，最大区别在于宏观上政府行为必须特别重视合法性问题，所以宏观人力资源规划有三个合法来源，即直接来自于法律的要求或者直接提交立法机构批准的规划；作为政府整体改革计划的一个部分的规划；公共人力资源管理部门的法定职责和义务的一部分。

逻辑结构对宏观人力资源规划的制定和实施非常重要，理论上，宏观人力资源规划必须具有一个遵循战略管理框架的逻辑结构。在此逻辑结构的规范下，宏观人力资源规划要借鉴微观组织人力资源战略管理在愿景描述、战略锚定和高效实施等方面的实践经验。宏观人力资源规划必须确立与政府目标或公共部门目标相一致的愿景目标，在此愿景与战略目标确定之后，要将其准确又详细地描述出来。细致的环境分析是宏观人力资源规划制定者必须要完成的基础工作，以此来发现将要面临的挑战以及现行政策应对挑战的优劣势，进而选择恰当的战略，明确改进的方向。愿景目标需要战略规划来实现，其最终的实现程度就代表了宏观人力资源规划的实现程度，因此需要使用专门的技术，通过把愿景目标转化为测量指标来测量评价愿景的实现程度，对于不满意的规划实施情况进行控制和调整，以改善今后人力资源规划的绩效。人力资源供求的总体趋势是微观组织的人力资源规划最为关注的内容，但通常并不会为此进行过于复杂的定量分析，宏观人力资源规划由于其研究对象的整体性，更多考虑的是趋势性人力资源供需的变化情况，因此并不需要确定一个固定不变的表现形式，只需逻辑结构总体一致即可。

二、宏观人力资源生产

宏观人力资源的生产是人力资源进入市场，通过配置和使用进而发挥作用的首要环节。人力资源生产包括人力资源的自然生产和人力资源的社会生产。人力资源的自然生产指的是人口和劳动力资源的自然增长过程，主要受人口基数、出生率、死亡率、年龄结构、性别结构、平均预期寿命、人口迁移等人口变量的影响。人力资源的社会生产指的是人力资源科技文化素质和身体素质的提高，主要受教育、培训、医疗、保健、体育等因素的影响。人力资源的社会生产和目前流行的人力资源开发含义比较接近，但此处的人力资源社会生产关注的是从宏观视角，通过国家主办的不同类型教育和医疗系统提升人力资源能力的过程，而目前通常的人力资源开发概念多是从微观的企业和个人角度，研究通过各种培训方法和手段提高劳动者的职业能力。

从理论上看，因为人的要素价值正在得到前所未有的重视，人的发展问题为世界所瞩目，人力资源生产领域的研究越来越具有特殊重要的价值。因此人力资源生产领域存在着广阔的学术空间。从内涵看，所谓人力资源生产，就是将人口资源转化为人力资源的过程。作为生产要素的人力资源数量和素质要求都很重要，人力资源生产就是要基于国家或区域发展层面，运用整合视角跨越部门边界，研究一体化的人力资源生产政策和规划，而不是局限于教育、培训、医疗某一方面的单项策略。

我国当前人力资源生产研究领域的重点是人力资源的价值功能，倾向于把人力资源当作财富源泉研究其增值与开发问题，对人的全面发展关注和研究不足。实现人的全面发展涉及经济、科技、政治、文化等多方面因素，是一个社会的、自然的、历史的、实践的过程，需要我国国民教育体系的发展和完善以及终身教育体系的建立。从根本上讲，促进人的全面发展就是要解放人的思想，挖掘人的潜能，调动人的积极性，激发人的创造性。

从经济实践看，社会对于人力资源生产的需求主要是基于社会发展所引起的实际需要而产生的。科技进步，分工和专业化进程的发展，规模效应的获取，提高边际效率等都需要人力资源生产的基础性动力，即经济社会的可持续发展需要以人力资源能力的培养和开发作为一种基础性的支撑。之所以如此，是因为人力资源能力的提高不仅可以促进管理水平提高、优化资源配置，更可以有效提高全要素生产率以致经济增长质量，进而促进社会财富积累，推动人类进步，可以认为人力资源生产既是经济社会发展的基本动力，也是经济社会发展的归宿。

人力资源生产是一个长期持续积累的过程，在市场经济条件下，完全性的自发调节无法保证人力资源生产对于社会需求的完全满足，所以必须对人力资源的生产进行宏观调控，研究改善人力资源生产模式和效果的具体策略，要依据人力资源成长规律构建人力资源生产机制，创新人力资源生产模式。人力资源社会生产是系统工程，要从人力资本的积聚和提升角度思考，建立一种全过程、多层次、多角度和统一化的人力资源生产模式。要通过机制创新和制度设计对人力资源生产形成引导机制，优化人力资源生产结构，提升人力资本累积质量和速度，健全人力资源生产的相关法规体系，重构社会和市场参与人力资源生产的导向制度，促进人力资源与经济发展的良性互动，使人力资源价值更高效地转化为经济发展动力。人力资源生产关注全面提高国民素质的教育、医疗、培训等领域，建立学科专业、类型、层次和区域布局动态调整机制，完善产学研用结合的协同育人模式，研究符合我国国情的国家教育体系和适应数字经济时代要求的知识创新体系。

从经济社会发展对人力资源生产的需求看，必须根据经济社会发展的新态势，统筹产业发展和人力资源生产，加强高价值人力资源需求预测，加快重要领域、重点行业以及战略性新兴产业的培育所急需的人力资源，引导推动人力资源生产链与产业链、创新链有机衔接。注重人力资源创新意识和创新能力培养，探索建立以创新创业为导向的人力资源生产机制，突出创新意识和实践能力，创新人力资源教育培养，促进人力资源规模、结构、质量与市场需求更相适应。我国的经济社会建设需要各种类型和层次的人力资源，不仅需要高端人力资源，也需要基础型人力资源，所以人力资源的生产要根据我国对人力资源需求丰富性的国情，选择最有利的宏观人力资源生产政策，保证人力资源层次的丰富性，以适应经济需求的丰富性。

教育是最主要的人力资源生产方式，教育的本质是产生高素质的人力资源，目前特别需要强调的就是终身教育思想的普及和落实。终身教育的思想虽然已被人们接受，但只是针对工作以后教育提出的，缺乏对于个体从生到死的整个过程的系统化研究。从终身教育的视角看，我国各个阶段的教育缺乏连续性和联结性，人力资源生产的各阶段教育开发，尚未形成系统合力，造成内耗与低效，这是导致我国人力资源数量多而质量不高、人力资源潜而不发的一个重要原因。我国急需探索建构全过程的终身教育模式，建立全过程的终身教育系统工程，减少各种教育环节之间的重复、内耗与局限，弥补当前人力资源生产系统中的空白点，把当前我国处于分离状态的人力资源生产系统协调起来，纳入统一的人力资源生产轨道，形成人力资源生产的系统合力，提高人力资源生产的整体效果和效率。

人力资源生产需要巨大的财力投入做支撑，国家大力增加财政投入无疑是必需的。但也应该认识到，人力资源生产不仅仅是政府财政的事，财政也无力独自承担，必须在政府财政的主导和激励下，突出用人单位主体地位，广泛调动社会力量共同参与人力资源生产活动。鼓励支持企业和社会组织设立人力资源发展基金，探索多元多渠道的投入机制，促使宏观人力资源生产高效开展。

三、宏观人力资源配置

要使人力资源得到充分的利用，首先就要做到人力资源配置的合理有效，市场配置和政府调控是两种最主要的手段，结果是促进人力资源与物质资源的有效匹配与结合，实际表现为劳动者的就业。宏观人力资源管理通过研究人力资源总供求的市场运行行为，以达到供求趋于平衡，通过研究其结构的调整、优化宏观的管理和配置。人力资源配置是指按供求价值规律和主客观判断，将人力资源充分合理地运用到社会生产及经济活动中，实现劳动者与生产资料在时间和空间上的有机结合，满足经济发展对人力资源数量和素质的需求，充分发挥人力资源的效能，取得最大的社会生产力和最好的管理效果。就业及失业程度是人力资源配置效率的主要标志，就业率高意味着人力资源配置效率高，失业率高意味着人力资源配置效率低，充分就业经常被经济学家视作人力资源配置效率的最佳状态。

市场经济中所有的经济要素都处在交易和流动状态，其中流动最强烈和最显著的就是人力资源，只有通过动态调适，人力资源才有可能实现优化配置，进而在微观上获得用人单位和人力资源个体的双赢，宏观上促进经济的活力和效率。人力资源流动主要是指人力资源在地区、行业、岗位等方面的变动，这种空间动态调节是市场经济运行规律以及生产社会化、科技进展整体化的客观要求。发展经济学认为，一个良性运转的社会经济制度和组织管理结构，应该赋予劳动者最大程度的自由流动权，也应该最大限度地向人力资源个人提供符合其发展意愿的自由选择条件。

所以，人力资源合理配置的前提是人力资源的自由流动。影响人力资源流动的因素有产业结构的调整、科学技术的发展、人力资源竞争的状况以及人力资源结构的调整等。从国家发展战略角度看，也需要保持一定的人力资源流动率，否则易导致人力资源在国际竞争中的流失，即优秀人力资源如果不能在国内通过流动实现价值，他们有可能会选择移民到流动更顺畅的国家或地区工作。我国正在深入实施“一带一路”倡议，促进长江经济带、上海自贸区发展等重大战略，将带动包括人力资源在内的各种要素全方位对外开放，人力资源的开放性和流动性更加明显。所以必须深刻认识人力资源流动配置与经济发展的关系，破除相应户籍、地域、身份、人事关系等体制机制障碍，促进人力资源跨地区、跨行业、跨体制自由流动。

人力资源的配置不仅是劳动力总量的投入和供给问题，更是关系到就业结构调整、人力资源空间流动、产业布局和充分就业的重大经济问题和民生问题。在社会主义市场经济体制下，人力资源市场运行系统和人力资源宏观调控系统，是宏观人力资源优化配置不可或缺的两个运行系统，两者之间的关系是相辅相成、相互作用的。政府需要制定一系列有利于人力资源优化配置的市场制度与规则，在宏观上规范和调控人力资源市场的配置行为。缺乏宏观引导的人力资源市场配置会导致人力资源在地区和产业层面上出现宏观配置不均衡，影响经济发展的可持续性，所以构建完善的市场机制和市场服务体系，是宏观人力资源管理充分发挥作用的必要条件。

所谓人力资源市场配置制度，是指在人力资源市场上，人力资源的配置按市场供求机制、价格机制和竞争机制来进行，人力资源供求双方在市场机制主导下自主选择、平等竞争、自由流动的制度。市场配置尊重人力资源供求双方的意愿，体现人力资源的产权归属，合理配置人力资源，提高人力资源的需求与供给的匹配程度，使各种人力资本含量的劳动者都能获得自己合适的岗位，在促进经济增长的同时，也使人力资源的投资收益提高。目前阶段，我国应加快推进人力资源市场配置制度的建设，使市场在人力资源配置中真正发挥决定性作用，大幅缩减政府直接配置人力资源的活动，以法律的形式固化市场的决定性作用，依据市场规则、市场价格、市场竞争实现人力资源配置效益最大化和效率最优化。要推进人力资源市场体系建设，完善市场服务功能，畅通人力资源流动渠道，就必须建立政府部门宏观调控、中介组织提供服务、企业用人公平竞争、以人力资源自主选择就业为特征的人力资源流动配置机制。作为一个有机的系统，人力资源配置制度功能的发挥，受经济体制、社会结构、发展水平等诸多因素的影响，同时也能反作用于这些因素。同时，制度环境的变化，也影响配置制度功能的发挥，比如评价机制对于人力资源的流动就具有导向作用，因此要统筹各项制度安排，使其不断完善和发展，为促进整个人力资源配置系统的发展创造条件。

四、宏观人力资源使用

使用是宏观人力资源管理的核心环节，人力资源只有在使用中才能实现其价值、提升其价值，适度的竞争能够促进人力资源的更好使用。人力资源队伍建设的根本任务就是要充分发挥人力资源的作用，使人力资源在使用中实现集聚，激发人力资源的创造活力，转化人力资源优势，实现人力资源结构战略性调整。

所谓人力资源使用，就是研究宏观政策和制度如何满足人力资源的各种需求，促使人力资源与物质资源更好结合，使人力资源能力得到最好发挥。以用为本是宏观人力资源管理的重大战略思想，必须把最大程度发挥所有人力资源的作用作为宏观人力资源管理的根本任务，以提高人力资源使用效能为中心，积极为人力资源创新创业提供机会和条件。应重点研究人力资源使用的全局动态关系及其与外部联系，探寻促进人力资源效能充分发挥的合理机制，以此来改变我国虽然人力资源数量巨大但是使用效益不高的状况。

人力资源使用并非单纯的市场运作，而是一种社会化行为，政府、企业、市场、社会组织都是其行为主体，必须考察各主体运行过程的内在联系，才能把握人力资源使用过程中存在的各种规律和特点。企业是我国实施创新驱动发展战略的中坚力量，也是人力资源聚集和优势转化的重要载体，宏观人力资源管理要重视企业在整合人力资源优势、科技发展成果和经济社会发展动力关系中的作用，使企业真正成为用好、用活人力资源和技术创新的主体。政府要鼓励企业建立和发展各种形式的创新战略联盟，大力推动基础性、前瞻性、战略性技术的研发和应用，以市场运作方式开发和推广创业孵化新模式，鼓励建立多元化的创新创业新载体。

五、宏观人力资源激励

人力资源的潜力是无限的，但是需要经过激励和开发，才能转化为现实的生产力。人力资源激励就是从动态和发展的角度，通过制度、行政和经济等各种手段，研究如何通过科学的人力资源产权制度、有效的激励机制，使人力资源的积极性和创造性得到激发，人力资源的潜力得到充分开发，给人力资源价值最好的回报，实现其最大价值，促进人力资源队伍整体实力的提高。

人力资源具有的本质特征之一就是创造性，然而，创造活力的展现需要一定的条件，只有处于激发状态，人力资源才能释放出充沛的创造活力。所以政府要实施大力度的人力资源激励政策，调动人力资源的积极性，为人力资源创新创业和实现价值提供机会和条件。优化人力资源产权制度设计是激发人力资源创造活力的根本动力，要构建与社会主义市场经济体制相适应、有利于充分激发人力资源创造活力的人力资源产权制度。

根据现代制度经济学的观点，人力资源激励不仅仅是普通意义的调动积极性，而是在信息不对称的情况下，避免道德风险、逆向选择的出现，保持和优化人力资源效率的策略和方法。人力资源激励的有效途径就是要全面考虑需求与动机、行为与目标的互动关系，将外部强加的刺激内化为人力资源的自觉动机，从而使人力资源的积极性达到最大，完成预定目标。一般来说，尚未满足的需求会引发动机、而动机导致行为、行为指向目标、目标实现情况的反馈使人们重新审视自己的需求，由此产生循环激励。努力能否实现目标，以及目标实现对个人的价值的大小，决定着个人是否努力以及努力的程度，除了个人奋斗之外，个人能力、个人心态、角色认同感都会影响工作绩效。

与人力资源激励密切相关的是人力资源价值的评价。人力资源的价值受到许多因素的影响，具有很大的模糊性和不确定性，人力资源价值评价是指通过一系列科学的方法对人力资源所能表现出的内在素质和所能体现的价值进行衡量。人力资源价值评价体系一般包含内涵综合能力、内部环境因素以及外部产出绩效三个部分。所谓内涵综合能力是指包括智力水平、知识结构、综合能力在内的人力资源基本素质的体现；内部环境因素是指群体内部人力资源的协作、信心、态度等影响因素；外部产出绩效是指产出效率和质量等成果方面。货币和非货币的价值计量方法是人力资源价值评估的两个主要方法，货币计量法相对简单实用，主要是通过维护和使用人力资源的成本以及对未来收益折现的方法来衡量人力资源的价值；非货币的方法主要是以人力资源价值的各项因素来综合判断人力资源的价值。鉴于宏观人力资源价值的关联性、模糊性和共享性等特点，采取非货币价值评价法来评价人力资源的价值是可行的选择。非货币价值计量法是对现实影响因素的综合考量，其评判人力资源价值的特点是，结果具有较高的全面性、综合性、整体性和模糊性。从操作方法上说，非货币价值计量法要在广泛收集信息的基础上，建立人力资源能力和绩效的数据库，根据价值评价指标，由相关专家打分，由最后加权平均的结果来判断人力资源价值。

六、宏观人力资源引进

经济全球化时代，能否“聚天下英才而用之”，是我国能否获得最广大智力支持的关键，研究如何构建在国际上极具竞争力的人力资源引进制度，是宏观人力资源管理的重要任务。

人力资源的国际流动是由多种因素共同决定的结果，在深入研究人力资源国际流动的现状和特征之后，这些影响因素是可以做到比较清楚和明确的，主要是考虑个人事业发展和经济社会环境两个方面的满意程度。目前，随着持续的经济增长和人力资源环境的持续改善，我国对国际人才的吸引能力越来越强，但是与发达国家相比，我国仍有许多与国情有关的问题亟须改善。比如在人力资源引进方面机构不健全、机制不完善、政府与企业关系错位等问题，宏观人力资源管理要对这些问题进行深入的理论研究和实践探索，为我国经济社会发展汇聚全球顶尖智力和更多各类急需人力资源提供助力。宏观人力资源管理必须承认、重视并进一步加强政府在吸引国际人力资源工作中不可替代的主导作用。客观地说，我国政府各种创业、社保、住房、税收、金融等政策的出台确实激励了国际人力资源来华（回国）创业的热情，提高了收益的预期。今后宏观人力资源管理要重点研究如何避免政府作用的僵化、赋予用人单位更多自主权、加强市场的作用、提高经济效益、改善人力资源发展环境等问题。

从个人价值实现和事业发展角度看，人力资源的流动是一种个人的最优选择，而对于优秀人才，他们选择的视野是全球范围。面对发达国家优势的科技和社会文化、经济和人力资源发展环境，我国必须努力挖掘并积极构建自己独特的人力资源吸引力。目前，全球范围内的信息革命和产业升级是我们的重要机会。一个人单独创事立业面临的环境越来越复杂和困难，所以微观团队和企业环境、宏观行业和产业环境对于人力资源事业成功至关重要。通过高端产业集聚，建设各类产业园区，吸引高端人力资源集聚，是一条可行的路径选择，借此实现产业和人力资源的互相促进。宏观人力资源管理在此过程中应探索通过产业集聚人力资源的机理、条件和过程，探索不同发展阶段，政府不同的定位和参与程度，为国际人力资源引进提供理论指导和实践经验。

宏观人力资源管理要研究人力资源流动的微观基础，其中社会网络理论对人力资源个人行为的解释力受到学界的广泛认可，需要进行重点研究。根据社会网络理论，每个人都不是孤立的，而是有着自己独特的社会关系网络，个人行为受此网络的深刻影响。充分了解和深入研究国际人力资源所拥有的社会网络，可以使人力资源引进更加专业和高效。宏观人力资源管理要研究如何更多利用驻外机构、学术团体、交流协会等组织的桥梁和纽带作用，扩大相关信息在国际人力资源群体中的传播范围，促进国内与国际的交流与合作，扩展各类人力资源的引进渠道。政府应在社会网络中加强国际人力资源信息和情感联系，建立专业且动态的国际人力资源数据库，及时预测和动态掌握国际人力资源的思想和就业动向，拓展服务职能，加大海外引进人才的力度和广度。

七、宏观人力资源保障

人力资源保障是宏观人力资源管理的重要内容，主要研究如何通过体制、政策、技术、文化等手段保障上述宏观人力资源管理工作的顺利开展。人力资源保障具体有两层含义，一是为保障人力资源规划、生产、配置、使用、激励、引进工作顺利开展而进行的体制机制建设和组织管理保障，这主要是在现有的法律基础上进一步完善与人力资源相关的各项政策和措施，完善相关法律法规，完善劳动合同和社会保险，构建一个以法治为基础的人力资源保障体系。二是保障人力资源良好的工作和生活环境，这方面需要在人力资源分类和能力评价体系的基础上，对人力资源进行详尽的分类分析，运用大数据而非抽样的方式进行研究。

政府、市场、社会、企业和劳动者各方凭自身资源互相博弈的结果，是人力资源保障制度确定的最终决定因素，也是各方都必须接受的最终结果。只有明确各方的相互关系，才能理解人力资源保障制度的深层机理，才能建立覆盖面更为广泛、效率更高且更具公平性的人力资源保障制度。我国要在已有的教育、医疗、住房、就业等基本保障的基础上，为创造符合时代特点、民众满意度更高、更具尊严、更高水平的保障制度而开拓进取。

第四章

宏观人力资源规划

宏观人力资源规划是实现宏观人力资源管理目标的基础和保障，与国家发展战略相匹配，宏观人力资源规划必须对人力资源的需求与供给进行科学的预测和严谨的规划，必须使未来人力资源在整体战略上实现供需匹配，宏观人力资源管理的其他职能才能实现好。

宏观人力资源规划的概念可以理解为是政府系统根据国家的战略目标，在明确人力资源现状约束的条件下，科学预测在未来环境变化中人力资源的供给与需求状况，围绕经济社会发展的总体目标，从战略高度出发制定人力资源的生产、使用、开发策略。也就是说，为了避免人力资源的短缺或浪费，宏观人力资源规划要进行系统科学的组织安排，对人力资源的供求进行准确的预测，安排有力的实施手段，促进人力资源与经济社会的耦合互动，共同发展。许多困扰人力资源发展的重大问题，其根源都与人力资源规划有关，所以人力资源规划不仅可以保障人力资源的供需匹配，更可以为宏观人力资源管理职能的实现引导方向，提供协调和服务，创造良好环境，促进人的全面发展目标的实现。

第一节　宏观人力资源规划的功能和特点

一、宏观人力资源规划的功能

（一）支撑国家战略规划的实现

宏观人力资源规划是国家战略规划和发展目标的有机组成部分，是国家战略规划的核心内容，在宏观人力资源管理中具有统领与协调作用。宏观人力资源规划关系国家发展战略，是有关宏观人力资源战略长期的、基础性的计划决策，是宏观人力资源战略指导思想和国家战略发展方向的具体体现，为国家的长期竞争优势提供了坚实的基础。政府根据战略目标、宏观人力资源状况和经济社会发展目标制定的宏观人力资源规划，有利于政府确定未来宏观人力资源管理工作目标，减少不确定性威胁，降低人力资源短缺风险，而且可以将人力资源集中到与国家目标相一致的经济活动中，使国家目标更容易实现。

（二）保障宏观人力资源管理职能有效运行

宏观人力资源规划是宏观人力资源管理各项职能实现的信息基础，可以使政府及时预见未来人力资源的潜在问题，为各种人力资源活动提供准确的信息和依据，从而保证宏观人力资源管理职能在未来变幻莫测的环境下，也能有效运行。例如，对于人力资源的自然生产和社会生产来说，宏观人力资源规划可以明确自然生产和社会生产的目的、方法和原则；对于人力资源配置来说，宏观人力资源规划可以改善人力资源分布不均衡状况，预判国家重点发展领域中人力资源总量、素质、结构等方面的不适配情况，提高人力资源的使用效率，降低人工成本。可以认为，科学严谨的宏观人力资源规划是宏观人力资源管理工作成败的关键。政府如果忽视了宏观人力资源规划，那么在宏观人力资源政策上就有可能出现较严重的问题，宏观人力资源管理职能就无法充分实现。

（三）引导宏观人力资源管理工作

在宏观人力资源管理工作中，如果不能事先为各个关键阶段和领域储备所需要的人力资源，就有可能出现人力资源短缺或者过剩的情况，国家整体发展战略就有可能受到影响，甚至导致国家战略的失败。宏观人力资源规划为确定国家各项经济管理活动所需的人力资源的数量、质量和结构提供了依据，并成为宏观人力资源政策的具体体现和制定依据。实际的人力资源发展状况受宏观人力资源管理政策的影响极大，而宏观人力资源管理政策应该依据宏观人力资源规划来制定，否则国家发展所需要的人力资源不仅难以得到满足，经济社会发展的其他各项管理目标也难以实现。

（四）确保满足国家发展对人力资源的需求

人力资源已经成为在国际竞争中决定国家成败的关键因素。为了实现国家的战略目标，需要在实施战略计划的每个阶段都拥有与完成国家战略目标相匹配的人力资源。为了确保能够如期满足国家对人力资源的需求，政府必须制定正确、必要的宏观人力资源开发政策和措施，必须进行科学的宏观人力资源规划工作。宏观人力资源规划的重要功能就体现在当发展环境出现变化时，国家所面临的人力资源供求的状况也会动态变化，宏观人力资源规划需要对此进行科学的预测和分析，并通过开发、配置、引进、激励等切实可行的措施，确保国家的人力资源需求。

（五）节省人力资源成本

从发展趋势看，随着人力资源价值的不断被认可和开发，人力资源成本在总成本中的比重不断提高，宏观人力资源规划的实施可以在多个方面减少人力资源成本。比如，通过对人力资源现有结构的诊断分析，找出制约人力资源效能提升的主要因素，通过调整实现人力资源的合理利用，可以减少浪费、提高效率。人力资源成本中比较大的支出是工资，而影响工资总额的主要因素是人力资源的配置情况，人力资源的配置状况包括不同行业、不同领域、不同专业中的人力资源在总量、结构和素质方面的分布状况。一般来说，如果不做宏观人力资源规划，那么国家未来的人力资源成本是难以确知的，而随着我国经济规模的扩大、自主创新的深入、整体工资水平的上升，人力资源成本也会增加，这样必然会有损我国产品的国际竞争力，影响国家整体经济的长期发展。因此，为了国家发展的长期利益，宏观人力资源规划需要合理预测未来人力资源发展情景，着力调节人力资源配置不均的状况，拓展人力资源的有效使用空间，合理控制人力资源成本，从而提高经济运行整体效率。

（六）激励人力资源自我开发

宏观人力资源规划包含的生产规划和配置规划，可以使广大劳动者预见将来可能选择的职位范围和类型，看到自己的发展前景，进而激励人们有目的地培育自己的才能去争取这些岗位。

二、宏观人力资源规划的特点

（一）宏观人力资源规划是宏观人力资源管理的重要基础

宏观人力资源规划既是宏观人力资源管理的重要基础，也是其必然的内在要求，因为它指明了通过实现人力资源供需匹配而获得和保持竞争优势的发展思路，也提供了开展宏观人力资源管理必不可少的方向标和路线图。把握人力资源规划的逻辑内涵和运行机理，对于明确宏观人力资源管理战略具有重要意义，可以帮助宏观人力资源管理者确定基本的思路，保障人力资源规划有效支撑整体战略的形成，不仅仅是单纯研究人力资源规划问题。

（二）宏观人力资源规划与国家整体战略密切相关

宏观人力资源规划是一项关系经济社会发展全局的复杂社会系统工程，是对于国家发展具有支柱性作用的规划，必须与国家战略和经济社会发展特点紧密结合才能取得良好效果，所以宏观人力资源规划必须注重规划的战略性、宏观性、全局性，需要根据国家整体战略的调整对规划方案及其执行措施进行合理修正。另外，宏观人力资源规划作为市场经济下国家开展宏观调控的有效工具，政府在规划整体发展方案时，必须全面深入理解人力资源规划，才能确保国家整体战略的高效落实。

（三）宏观人力资源规划需要市场、企业和政府的共同参与

首先，宏观人力资源规划必须尊重市场经济发展的客观规律，使市场对人力资源配置的决定作用得以充分发挥，争取通过人力资源供求动态均衡的实现，达到人力资源的配置优化。

其次，宏观人力资源规划必须重点考虑如何满足企业和产业发展需求，发挥企业主体作用。目前我国各级政府制定人力资源规划的通常做法只是在政府部门内部通过内循环的模式来完成，企业、市场、社会等其他主体在此过程中的参与度不高。在数字经济和全球化时代，政府因为能力有限已经难以做出适合产业发展的规划，需要依靠制定更完备的规范，引导各方主体共同调节产业发展的未

来方向。宏观人力资源规划要深刻把握微观人力资源需求，进而才能引领宏观发展；同时，宏观人力资源规划还需对微观组织的人力资源管理实践进行有效引导，促进微观转型升级和创新驱动。

最后，宏观人力资源规划作为政府主导的一项社会管理职能，必须充分发挥政府决策的引领作用，统筹当前与长远、局部与整体、个体与大众等方面的利益关系，担当公共职责，矫正市场偏差、滞后与盲目等功能性缺陷，促进整体人力资源效能最大化。就宏观人力资源规划所处的制度与时代背景来说，确立与政府目标一致的愿景描述非常重要，因此，愿景和战略都必须要在人力资源规划中详尽地表达出来。在明确人力资源规划的愿景与战略之后，宏观规划者要考察政府外部面临的挑战以及内部应对能力的缺陷，进而研究改进方向和策略。

（四）宏观人力资源规划注重微观与宏观、局部与整体的结合

宏观人力资源规划虽然是国家整体层面的宏观规划，但也非常注重整体与局部、宏观与微观的结合。宏观人力资源规划必须统筹协调整体与部分、部分与部分之间的关系，在资源条件有限的情况下，针对某一特定阶段和部分的人力资源战略目标和任务，安排积极稳妥的人力资源项目，采取灵活务实的措施手段。

一方面，宏观人力资源管理规划需要准确处理我国快速发展过程中宏观人力资源管理长期目标和阶段目标的关系。也就是说，人力资源规划既不能脱离我国人力资源发展的长期目标，也不能忽视阶段目标的实现；既要培养和造就当前紧缺的人力资源，又要用前瞻眼光，筹备经济社会可持续发展的人力资源。

另一方面，宏观人力资源规划必须统筹农村与城市、经济发达

与欠发达地区的人力资源结构，协调东中西部人力资源的配置，促进人力资源在城乡、区域、产业、行业以及公有制经济和非公有制经济之间的合理分布，不断扩大人力资源群体的覆盖范围，从总量适度、结构优化、素质提升等方面有效整合人力资源。

第二节 宏观人力资源供求均衡

宏观人力资源规划必须以科学的方法预测人力资源需求与供给为依据。要采用适合的预测方法，根据未来整体人力资源发展方向和趋势判断，全盘考虑人力资源数量、结构、素质的变化，及时准确预测人力资源需求和供给，努力实现供求均衡。

一、宏观人力资源需求预测

所谓宏观人力资源需求预测就是以国家经济和社会的发展战略及其运作模式为依据，采用科学方法预测未来一段时期内国家对人力资源数量、结构和素质需求的活动。

（一）宏观人力资源需求预测指标的设计原则

1. 科学性。宏观人力资源预测的结果，应该是得出一个合理的最优区间，而不应该是一个孤立和绝对的数值，预测结果只要处于这个区间，就是可以接受的，所以科学的预测方法和指标选择就非常重要，要充分考虑到各种影响因素，得出范围适宜的最优区间。

2. 客观性。客观性是指预测指标必须能够客观反映宏观人力资源的某一方面，所得数据指代的内容要真实和准确。

3. 可测性。可测性是指用来代表宏观人力资源某方面特征和要求的预测指标应该是用数据形式表达的，文字形式的指标可以评价，但是难以测量和比较。

4. 可操作性。可操作性是指预测指标要简单方便，适合操作，所得预测结果具有较高的信度和效度。

5. 一致性。一致性是指宏观人力资源的预测指标要符合法定通用指标的规范，以期预测结果和其他调查数据口径尽量一致。

6. 动态性。动态性越是远期的情况，越是难以预测，所以宏观人力资源预测要进行即时调整，体现动态性的特征，以保障预测的效果。

（二）影响宏观人力资源需求的因素

宏观人力资源需求受到许多相关因素的影响和制约，具体包括以下几个方面。

1. 经济因素。经济因素是指国家经济政策以及国家经济发展的模式、水平、阶段、质量、效益等方面社会经济状况，包括由国家、社会、市场和企业共同决定的经济发展水平、结构和变动趋势等。正常来讲，规划期内，世界及地区的外部环境变化和国家内部经济社会环境的变化，都会对各层、各类人力资源的需求有不同程度和范围的影响，所以对内外部经济社会的变化都必须给予足够重视。人力资源的不足或过剩与经济发展和产业结构调整有着密切关系，人力资源的培养、引进、管理和激励，也都需要经济力量支撑。经济发展对人力资源需求的影响是非常复杂的，主要可以归结为两个方面：一是经济增长对人力资源数量的引致需求，经济增长创造了许多新的行业和更多的就业机会，增加了对人力资源的需求；同时，由于科技与管理手段的发展，许多岗位对人的需求会减少。二是经济发展对人力资源素质的要求大幅提高，随着数字经济的日益快速发展，素质较低的人力资源对经济发展的贡献已越来越小，逐渐面临淘汰，而高素质的人力资源越来越成为经济发展最强劲的动力源泉，社会对其需求日益增加。

2. 政治因素。所谓政治因素主要是指国家政治和法律、政策方面对人力资源的影响。比如法律对劳动时间规定的改变，就直接影响了人力资源供给的变化，企业对人力资源量的需求会因此而调整。国家户籍和居住政策的调整对城乡人力资源的流动方向和规模影响很大；生育政策的调整，会影响未来人力资源的供给量；教育体制和投入的改变，会导致人力资源培养效果的变化。

3. 社会因素。一个国家社会文化和社会氛围的变化对人力资源的需求会产生直接的影响，尊重知识、尊重创造、尊重人才的社会风气会增加社会对高素质人力资源的需求，并会促进人力资源的成长和开发。

4. 科技因素。科技的发展对人力资源的需求类型产生了很大变化，国家对创新型、复合型和技能型人力资源的需求大量增加，而对常规型、体力型人力资源的需求大幅减少，所以宏观人力资源需求预测对科技的进展必须高度关注，适当超前培养和引进能够引领和促进科技发展的领军人才。

5. 人力资源市场因素。人力资源市场是否健全和成熟对宏观人力资源管理的各个方面都有影响，宏观人力资源规划必须及时掌握人力资源市场变化的情况。如果国家面临重大的战略调整，必然会导致人力资源需求数量、结构和素质的变化，原有规划中的相关对策和安排就需要进行适当的调整。同时，诸如金融危机、自然灾害等突发重大事件也会使人力资源的供给和需求情况发生剧烈变化，所以宏观人力资源需求预测必须为这些可能的变化留出足以调整的空间，以满足人力资源市场环境的变化。

（三）人力资源需求预测模型

1. 回归预测模型。线性回归预测模型是最常用的人力资源需求预测模型，在使用这种模型时，必须收集预测对象充足的资料和数据，制作以时间参数为基本变量的相关图。如果坐标图上数据呈现直线或接近直线的形状，就说明可以采用线性回归预测模型；如果不是线性，就需要采用非线性回归预测模型进行更复杂地预测。在历史数据准确、占有资料相对充足的条件下，多元回归模型对短期内的宏观人力资源预测比较准确，尤其对我国 5 年一个周期的发展规划，多元回归模型能保证较高的准确性。但是，多元回归模型一般需要 5 年及以上的数据，数据越多且连续性越好，预测结果就越准确。目前我国宏观人力资源数据统计和测算还不完善，加之不同年份统计标准各有差异，因此，对数据准确度要求较高的多元回归模型不可避免受到历史数据完整性和准确性的影响。

2. 灰色预测模型。宏观人力资源系统和社会、经济的发展具有高度的相关性和复杂性，这些关系中既含有已知信息，又含有未知信息，其数量和结构的统计和变化可以运用灰色理论来分析，尤其对宏观人力资源需求的中长期预测，以灰色系统理论为基础的灰色预测模型的准确性较高。表面上看，灰色系统所显示的现象是随机的、杂乱无章的，但是对数据的深入挖掘表明这些信息是有序的、有界的，也就是意味着灰色系统的数据资料是具有一定规律的，以这些规律为基础构建的灰色模型可以对其发展进行预测。同时，由于人力资源管理系统对政策反应灵敏度高，而政策变动会导致宏观人力资源管理系统内某些机制变化，使得人力资源系统内部主体和结构的趋势和效率受到影响，因此，对于宏观人力资源需求的预测也可以采用灰色预测模型来进行。但灰色预测模型存在较大的局限性，这一方面源于我国宏观人力资源统计数据本身的不完善；另一方面由于该模型需要的参数较多，其获得难度较大，这些都会降低灰色预测模型的准确性，进而降低其适用性。

3. 相关分析方法。所谓相关分析就是通过研究把握被预测对象的基础资料，采用数学和统计方法来判断相关预测因素与被预测对象关联程度的数理统计方法。相关分析主要目的是分析人力资源发展与周围环境因素相互依存程度的强弱，常用的具体方法包括相关图分析和相关系数分析等。其中相关图分析是比较简洁高效的方法，这种方法是将影响预测对象的相关因素与人力资源发展的对应数据标在坐标系上，根据这些数据点的集合或离散程度，分析人力资源发展与相关变量之间的相关性。

4. 模型的选择。人力资源预测模型的选择，具有一定的阶段性，必须基于宏观人力资源历史基础数据和我国当前社会经济发展的具体实践。考虑到在市场经济条件下，影响人力资源预测模型实际运用的社会、经济、科技等多种因素的变化，为了保障预测结果的科学性，应该科学选择及分析影响宏观人力资源需求的模型因素。根据实际情况，一般要动态选择预测模型，针对不同区域、产业、模型及变量的选择差异较大。从规划的目的和周期来看，通过数据拟合计算相关系数，建立相应的回归方程，进行多元回归模型预测是目前比较合理可行的方法。

二、宏观人力资源供给预测

宏观人力资源供给预测可以从“存量—增量”预测和“内部—

外部”预测两个角度进行分析。所谓人力资源的存量和增量视角，就是对宏观人力资源存量和增量状况进行预测，针对存量的部分，预测应该主要从设计制度的变化角度分析人力资源存量的效能；对于增量部分的预测主要根据某一时间段人力资源的投入与产出关系来分析，以此为依据决定培养和引进人力资源的数量和结构。所谓内部和外部视角就是考察国家人力资源现状，预测国家未来人力资源内部和外部供给情况。国家未来人力资源的获取要以内部供给为主渠道，国家宏观人力资源规划，要着力加强开发当前国内的人力资源潜能，用好国内人力资源。

由于我国正处于经济社会发展转型的重要转折节点，产业结构升级优化和就业结构变化引发了人力资源供给的一系列问题，包括大学生就业难、农民工“用工荒”、人力资源产业结构失衡、地区分别不均衡等问题，都是目前备受理论界、政府和企业界关注的人力资源发展问题。研究如何确保人力资源动态供求均衡，是社会各界共同面对的重要课题。

影响宏观人力资源供给的因素有如下几个方面。

1. 自然因素。所谓自然因素主要指的是人口变化状况，由人口生育率、死亡率、迁移率等因素导致的人口和人力资源变化，是一个虽然缓慢但是非常重大而且不可逆的过程。人口自然增长决定了每年都有相对稳定而可预测的人力资源进入人力资源市场，主要表现为每年大量的高校毕业生和新参加工作的青年农民工，这是宏观人力资源供给的主要来源。

2. 环境因素。作为主动资本的人力资源，如果其产权受到限制或损坏，则人力资源载体会将其所拥有的人力资本“禁闭”，使得人力资源能力完全无法发挥作用，以致好像根本就不存在一样，虽然仍可察觉，但其价值却无法实现。所以良好的制度环境，尤其是人力资源产权制度是人力资源可以正常使用的关键，也是吸引外来人力资源，增加人力资源供给的有利条件。

3. 教育因素。教育因素是指国家教育发展的体制、机制、规模、师资、投入、设备等因素，这些都会直接影响人力资源的供给。

4. 效能因素。人力资源的存量与个体受激励的程度决定了人力资源的效能水平。对于人力资源的存量可以通过教育、培训等手段来提高，对于人力资源的激励状况却不容易度量。制度、文化、市场等方面都是可以考察的方面，但是对特定个体影响最大的具体原因，是宏观人力资源规划无法做出准确判断的，因为他只能在方向和趋势上进行把握。利用科学的预测模型，有助于了解宏观人力资源的供求状况，但准确的人力资源效能的供给水平却很难估计。

5. 法律因素。法律因素是指与人力资源发展和运行关系密切的法律体系及其运行状态。国家法律法规体系、司法体系、企业及人力资源法律意识是法律环境的三个因素。为了使人力资源发展拥有良好法律环境，完善的国家司法体系以及良好的执行力度非常必要，所有的人力资源供给活动都必须在国家劳动法律框架内进行。

6. 不可控因素。在市场经济体条件下，经济因素、环境因素和政策因素对人力资源具有相当的影响，在人力资源流动性增大的情况下，一个地区的人力资源数量和结构就具有显著的不确定性，因此人力资源不可控因素显著增加，成为进行人力资源供给预测时必须认真加以考虑的对象。

三、宏观人力资源均衡

均衡状态并不总是能出现在宏观人力资源的供给与需求之间，应该说均衡是相对的，不均衡是绝对的。随着经济社会、人口、科技等条件的变化，供求之间的均衡状态也会处在不断的调整当中。宏观人力资源规划的本质就是努力使人力资源供给系统与经济社会需求系统达成一种协调关系，从而以数量适当、质量良好和结构合理的人力资源供给保障经济、社会系统具有可持续发展的状态和能力。为了达到这个目标，政府必须以人力资源供求预测结果为依据，制定合理的引导政策，努力使宏观人力资源供求在各种此消彼长的势力变化中保持相对均衡。

所谓动态宏观人力资源均衡可以从四个方面来探讨其含义。首先，“总体均衡”，指的是总体上经济社会发展对人力资源的需求量与人力资源供给量之间处于均衡状态。例如，在把握国家发展对人力资源总体需求的基础上，通过对全国接受大学以上学历教育的人数、具有中级以上职称的工程师人数等数据的统计，可以了解以不同总量指标衡量的人力资源总量的存量与增量、纵向与横向的变化情况，把握宏观人力资源未来发展趋势。其次，“结构均衡”，指的是人力资源结构的变化关系，宏观人力资源动态均衡是在人力资源总体均衡基础上的结构均衡，因此，宏观人力资源动态均衡必须保持各个层次、领域人力资源的结构均衡。再次，“局部均衡”，指的是地区、部门和产业也需要使人力资源供求总量和结构处于相对稳定的状态，尤其要注重满足国家重点发展领域对人力资源的需求，从而保证国家战略的顺利进展。最后，“时间均衡”，指的是在一定的时期内，社会中存在的各种岗位是相对稳定的，寻求就业的人力资源个体只能在这个有限的范围内选择，占据其中的一个岗位。也就是说，一定时间和空间范围内社会所能容纳的人力资源数量是有限的，宏观人力资源均衡要保持在这个特定时段内的均衡。各个行业的宏观人力资源规划中更多关注的应当是与该行业或者职业特定人力资源相关的内容。例如，企业应当关心经营人力资源、科技人力资源、销售人力资源的数量与分布，高校则应更关心研究型人力资源的数量、结构与层次。

第三节　宏观人力资源规划过程

从过程看，宏观人力资源规划可以分为若干环节，如图 4—1 所示。这些环节总体上包括人力资源规划制定和人力资源规划实践两大环节，具体又可以分为六个环节，即人力资源态势分析、人力资源机制分析、人力资源规划编制、人力资源规划实施、人力资源规划控制和人力资源规划修订。人力资源规划制定由三个环节组成，

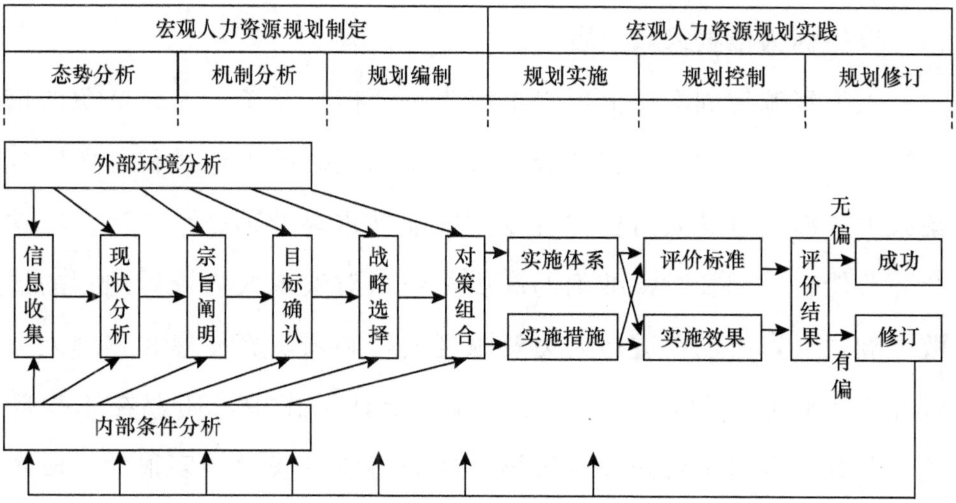

图 4—1　宏观人力资源规划过程

即人力资源态势分析、人力资源机制分析和人力资源规划编制，进一步分析其内容，主要有内部条件和外部环境分析，信息收集、现状分析、宗旨阐明、目标确认、战略选择和对策组合。人力资源规划实践也包括三个环节，即人力资源规划实施、人力资源规划控制和人力资源规划修订，进一步分析，主要有建立实施体系、制定实施措施、确定评价标准、评价实施效果等具体内容。如果评价结果有偏差，还要修订人力资源规划；反之，如果无偏差，可以就此结束人力资源规划过程。宏观人力资源规划的步骤可以简单阐释如下。

一、人力资源信息收集

宏观人力资源规划必须重视并强化规划与社会发展之间的契合度，以不断提高宏观人力资源规划的适用性和权威性。对于信息的收集，要特别重视人力资源数据的准确度，据此开展量化分析，得出合理结论。在收集人力资源信息之前，应先设计人力资源指标体系，以指标为依据来收集资料。

人力资源规划实质上可以理解为一个信息系统，人力资源的信息输入、加工和输出，就是宏观人力资源规划的工作过程，所以收集人力资源信息是人力资源规划系统非常重要的第一个环节。在这个环节能否得到及时、准确的高质量信息对宏观人力资源规划的成败影响很大，所以在进行人力资源规划时必须认真搜集和整理人力资源相关信息。目前，在人力资源的统计工作中，还存在不少问题，尤其是有些重要和关键数据无法获得或者获得难度很大，成本很高，质量无法保证。

二、人力资源现状分析

在各种人力资源信息收集完全之后，宏观人力资源规划需要对国家人力资源现状进行全面分析和适当的评估，分析现有人力资源对整体战略的准备度，这是人力资源规划中重要的一步。

全面分析人力资源整体存量，可以使宏观人力资源规划紧密结合实际资源禀赋，使国家战略在制定和执行上更加顺利。在操作时，人力资源数量分析是人力资源现状分析的着手处，一般分析人力资源的存量、增量、流量等，还要分析人力资源总体中规模、结构、素质等基本情况。宏观人力资源管理体制、机制以及实际效果的基本情况，人力资源的国际竞争力情况也都需要进行分析，从而找出问题原因，提出合理对策。分析的重点是探求现有数量是否与社会经济需求匹配，尤其要对关键人力资源的存量增量问题充分考虑，使各种国家战略顺利实施不因人力资源缺乏而受阻。对于已经收集到的大量人力资源数据，可以从人力资源年龄、性别、教育结构等方面切入，对人力资源生产、配置、使用、激励、引进等问题进行分析。注重人力资源在产业结构优化升级中实现整合增值，正确处理人力资源开发与经济社会发展的关系。要研究制度设计与变迁对人力资源发挥作用的影响，研究人力资源在数量增减方面的规律，通过对稀缺人力资源的有效配置，实现人力资源的集聚和社会增值。在具体的人力资源现状分析中，国家需要对重要领域的核心人力资源状况进行客观的评估，对核心人力资源进行全面、准确、深刻的理解。

三、人力资源机制分析

人力资源机制分析的重要性体现在，它不仅是组成人力资源规划的重要部分，而且是制定人力资源规划的前提和依据。如果人力资源规划没有从发展的角度对国家的人力资源发展机制做出正确的预测，人力资源规划就无从谈起。国家需要对经济社会发展、产业结构调整、科技进步、人力资源市场变化等方面的趋势及其对人力资源发展的需求做出前瞻性的规划，以此为基础进行宏观人力资源发展的预测。人力资源机制分析包括两部分内容，即人力资源供需机制分析和人力资源功能机制分析。人力资源供需机制分析通过对人力资源的供给机制和需求机制的机理以及动态匹配关系的研究，实现国家人力资源整体供需的均衡。人力资源功能机制分析的内容包括人力资源的生产机制分析、配置机制分析、使用机制分析、激励机制分析、引进机制分析和保障机制分析等。人力资源生产机制分析是研究如何更好培养和造就符合经济社会发展需要的人力资源；人力资源配置机制分析是研究如何通过市场和政府两种手段将人力资源更好地与产业发展和岗位需求相匹配；人力资源使用机制分析是研究如何通过各种管理和经济手段使人的才能得以充分发挥；人力资源激励机制分析是对人力资源的潜能以及如何激励进行研究，探讨如何使人力资源做出更多、更大的贡献；人力资源引进机制分析是研究如何广泛利用全世界优秀人力资源为我国发展服务；人力资源保障机制分析是研究如何构建优良的制度和文化环境以利于人力资源效能更好地发挥。

四、人力资源战略选择

在人力资源规划中，人力资源战略的选择与制定不仅是一个重要的内容和环节，而且处于核心地位。政府要对宏观人力资源管理中关系重大的理念、宗旨、指导思想、总体战略等进行判断和选择，并要对宏观人力资源管理的主要任务以及承担任务的职能部门和重点工程进行规划。某种程度上说，人力资源规划主要是指人力资源战略、政策和实施对策的制定与选择，人力资源战略对人力资源规划来说，起着一种提纲挈领的作用，因此能否选择和制定一个好的合适的战略，不仅关系到人力资源规划的成败，而且直接影响国家的战略目标能否顺利实现。

五、人力资源对策组合

人力资源战略的选择，并不代表人力资源战略制定结束。为了阐述战略并保证战略的实现，还必须制定与战略相适应的对策。

人力资源对策组合不仅作为宏观人力资源战略制定必备的环节而存在，同时也是实施人力资源战略的前提条件。在对当前宏观人力资源管理工作的要点和难点进行深刻把握之后，更关键的工作就是如何把解决这些“难题”的对策落到实处，也就是说，要想使之可以具体操作，必须制定具体详细的行动方案、操作规程，并落实具体的部门和人员去负责和执行。当然现有人力资源的培养、调整、使用、补充等问题也必须充分考虑、认真对待，在此基础上形成各种可行的人力资源对策组合。

六、人力资源规划实施与控制

宏观人力资源规划制定完成之后，就进入实施阶段，在实施过程中要进行过程控制。从一定意义上说，宏观人力资源规划的实施和控制要比规划制定更重要，因为再好的设计，如果没有有力的执行也会无济于事。一般来说，实施与控制要以国家主管部门（人力资源和社会保障部或国家发展改革委）为主，其他相关部门协同进行。对于组织机构的确定有利于明确各参与方的职责，调动积极性和主动性，也使得实施和控制过程更加顺畅。有些工作如培训、就业、保障方面的规划由人力资源部门主导落实，其他部门协调配合就可以完成；有些规划实施的主体是其他职能部门，人力资源部门是作为推动者发挥作用，如教育发展规划、科技发展规划等就是以教育部门和科技部门为主要实施者的规划。

政府在实施宏观人力资源规划时必须将其分解和细化，要将其转化为相对具体的规划项目和任务，对规划实施的客体、主体、进度以及要求逐一明确，实施过程管理。在宏观人力资源规划实施过程中，建立中央政府机构与地方政府机构间的合作伙伴关系，将国家全局人力资源的规划目标与各地区、各部门的人力资源规划目标有机结合，务必要协调各层面之间规划的关系，使国家层面的目标与局部目标相一致、避免脱节，各地方政府要及时汇报本地区人力资源规划实施进展情况。

要以当前阶段规划实施的具体情况为依据，确定下一阶段的工作任务和进度。对人力资源规划的主要目标完成情况进行定期检查和自查，为之后的规划安排不断总结经验、提供参考。提高公众参与度，鼓励宏观人力资源管理其他主体更多参与国际化人力资源规划的设计、实施和控制过程，建立广泛的合作网络，促进实施效率。建立交流沟通平台、信息通报制度和协调会议制度，发挥各方优势，实现国家、区域、组织和个人的共赢。协调人力资源规划实施过程中的利益，明确人力资源规划项目配套的资金规模、来源和使用办法，协调各参与主体之间的权力分配。

七、人力资源规划评价与修订

评价与修订是人力资源规划实施与控制的必要环节，是指在人力资源规划实施一段时间，达到某个节点并完成阶段任务时，进行的评价、反馈与纠偏活动。实施动态评价与修订是完善宏观人力资源规划的核心。

下一阶段的规划要以上个阶段的评价结果为依据，这样的做法使得宏观人力资源规划成为一个循环上升的工程，使宏观人力资源管理工作和人力资源本身都在这一过程中不断发展。人力资源规划的评价工作，要考察此规划与国家整体战略是否相符；与国家发展对宏观人力资源管理的定位是否相符；理顺宏观人力资源管理交互的机理和规范；评判此规划实施的效果，包括人力资源规划的投入与产出之间是否匹配等。同时，在一个相对完整的周期内，对宏观人力资源管理体系实施效果，也要进行必要的总结和评价。以国家内外环境的变化要求为参考，适当调整宏观人力资源规划的内容、目标和步骤，更好地适应国家发展战略的需求。

政府根据人力资源规划评价结果确定适当的修订策略，投入新的实施过程，并在新的实施过程中继续进行评价、反馈和修订。宏观人力资源规划要将评价工作特别是评价结果与相关奖励有机结合起来，发挥评价结果的激励督促作用，在资源分配、项目申报和指标分配等方面给予政策倾斜，以对规划实施起到更好的激励、督促作用。

第五章

宏观人力资源生产

人力资源生产是宏观人力资源管理有效运转的前提，也是宏观人力资源管理与微观人力资源管理的重要区别之一。人力资源生产的内涵，可以从狭义和广义两个层面进行界定。狭义的人力资源生产是指人口生产和再生产等自然生产环节，广义的人力资源生产不但包括自然生产环节，还包括学前教育、义务教育、职业教育、高等教育、培训开发和医疗康复等社会生产环节，自然生产和社会生产共同构成了人力资源生产的全过程。

作为全球最大的人口大国和人力资源大国，我国的人力资源生产具有更重要的研究价值和研究意义，人口生育政策的变化对我国的人力资源生产具有重要影响。2000 年我国出生人口为 1 771 万，2002 年下降到 1 647 万人，此后，在 2003 年到 2013 年，我国出生人口在 1 600 万上下波动。考虑到人口出生率长期处于低水平的长远影响，我国也在不断调整完善生育政策。党的十八届三中全会审议通过了《中共中央关于全面深化改革若干重大问题的决定》，其中明确提出："坚持计划生育的基本国策，启动实施一方是独生子女的夫妇可生育两个孩子的政策，逐步调整完善生育政策，促进人口长期均衡发展。"2013 年 12 月中央印发了《关于调整完善生育政策的意见》，指出调整生育政策的目的是“根据人口形势发展变化，调整完善生育政策，有利于经济持续健康发展，有利于家庭幸福与社会和谐，有利于促进人口长期均衡发展。”2015 年 10 月党的十八届五中全会做出全面两孩政策的重大决定，提出“坚持计划生育的基本国策，完善人口发展战略，全面实施一对夫妇可生育两个孩子政策，积极开展应对人口老龄化行动。”2014 年以来，伴随着生育政策调整完善，出生人口有了明显增加。根据国家统计局公布的数据，2016 年我国出生人口 1 786 万，出生“二孩”人数超过 800 万，“二孩”及以上占去年全年出生人口超过 45%。[①] 党的十九大报告明确要求“促进生育政策和相关经济社会政策配套衔接，加强人口发展战略研究。”“全面两孩”政策是否能产生预期效果？生育政策是否和当前的经济社会政策配套衔接？生育政策是否还需要继续调整、优化和完善？生育政策对我国人力资源生产的影响？这些都是今后宏观人力资源管理需要重点关注和持续研究的重大战略问题。

第一节 宏观人力资源的自然生产

一、宏观人力资源自然生产的概念

人力资源与人口具有紧密的内在联系，人力资源是人口总体运动在一定范围和一定阶段的表现。人口是人力资源的基础，从宏观上考察人力资源生产问题，首先要对有关人口生产和再生产、人口规模、人口增长、人口趋势等问题有清楚的了解。

人力资源的自然生产是人力资源社会生产的前提，主要是指人

① 李丹丹. 2016 年中国出生人口达 1 786 万，二孩及以上占比超 45%，http://news.xinhuanet.com/politics/2017－01/23/c_1120364891_2. htm

口本身的生产和再生产。人口生产和再生产是社会存在和发展的条件，如果没有人，生产就没有主体，就不会有社会和历史。马克思曾说过："任何人类历史的第一个前提无疑是有生命的个人的存在。"[①] 人口再生产是指新一代人口的出生、成长和老一代人口的衰老、死亡，它通过新一代替代老一代的世代更替，来实现人口的不断更新和延续。[②] 人口再生产是自然过程和社会过程的统一，它受自然条件、经济发展水平、文化观念、人口政策和消费水平等诸多因素的综合影响，有自己特殊运行的规律。

二、宏观人力资源自然生产的理论基础

宏观人力资源管理问题的实质是一个国家或地区的人力资源投入、劳动生产过程与经济社会发展的内在联系和规律，这种联系和规律必须基于该国家或地区人口生产和再生产与物质资料生产之间的矛盾运动。因此，研究宏观人力资源管理问题，必须要考察人口生产和再生产与物质资料生产之间的关系。恩格斯在《家庭、私有制和国家的起源》第一版序言中给出了系统性阐述，两种生产"一方面是生活资料即食物、衣服、住房以及为此所必需的工具的生产；另一方面是人类自身的生产，即种的繁衍。"[③] 马克思、恩格斯的"两种生产理论"强调了人口数量、人口结构的变化与经济社会的发展互相影响，人口生产与物质资料生产必须互相协调。人口生产与物质资料生产间的矛盾是人类社会发展过程中的最基本矛盾，具有客观性。

---

① 中共中央马克思恩格斯列宁斯大林著作编译局.《马克思恩格斯选集》（第 1 卷）[M]. 北京：人民出版社，1972：24.

② 吴国敏. 人口再生产的运行机制及其现实中的思考 [J]. 人口学刊，1986（6）：34－39.

③ 中共中央马克思恩格斯列宁斯大林著作编译局. 马克思恩格斯选集（第 4 卷）[M]. 北京：人民出版社，1995.

20世纪90年代以来，随着国内学者对“两种生产理论”研究的深入，再加上国内自然环境和经济社会环境的变化，基于“两种生产理论”的其他理论成果开始出现。程福祜（1993）提出“三种生产理论”：物质生产、人口生产、环境生产，以人为主体的经济活动与作为客体的环境系统组成的环境经济系统实际运行，是通过环境生产、物质生产和人口生产相互适应结合发展的，这是环境与经济结合发展的最基本关系。[①] 叶文虎、陈国谦（1997）在研究人与环境的辩证关系时，提出了物质生产、人的生产和环境生产是可持续发展系统的基本模型，分析了三种生产之间的和谐关系，并对深化环境影响评价、开展环境建设、建立新伙伴关系等问题进行了探讨。[②] 孙承叔（2003）认为，在马克思看来，人类社会是一种有机体，它是四种生产的统一，即物质生产、人类自身再生产、精神生产和社会关系再生产，物质生产并不是唯一的基础，而且物质生产也不能离开其他三种生产而孤立发展，这是一种只能在观念中分开，而不能在事实中分开的过程。[③] 蔡成效（2005）认为，社会关系生产同物质生产、人口生产和精神生产一样，是社会生产客观存在着的一个方面，并与其他三种社会生产辩证相关；任何一个社会的生产，都是一个基于物质生产而由社会关系生产直接决定的社会生产系统。其中，人口生产是根本，物质生产是基础，精神生产是引导，社会关系生产是命脉。只有坚持“四种生产辩证统一”的原则，才能从根本上确保一个社会的各项事业协调发展。[④]

---

① 程福祜. 环境经济学［M］. 北京：高等教育出版社，1993.

② 叶文虎，陈国谦. 三种生产论：可持续发展的基本理论［J］. 中国人口，1997（2）：14－18.

③ 孙承叔. 是一种生产，还是四种生产？——读《1857—1858年经济学手稿》［J］. 东南学术，2003（5）：97－106.

④ 蔡成效. 社会关系生产和社会生产系统研究［J］. 武汉大学学报，2005（2）：156－160.

从“两种生产”理论、“三种生产”理论再到“四种生产”理论，学者们在实践基础上对马克思和恩格斯的“两种生产理论”的探索不断深入与发展。马克思和恩格斯的“两种生产理论”及其他理论为宏观人力资源自然生产的理论研究奠定了基础，这些理论也给宏观人力资源管理带来了许多启发与借鉴。

三、宏观人力资源自然生产的特征

（一）目的性

人力资源自然生产是指一定社会的人口所进行的“种的繁衍”，即通过自然的两性结合生产新生命的过程。人力资源自然生产是自然关系和社会关系这双重关系的体现，[①] 所有的人力资源自然生产必定是“在一定关系中进行的”，是一种具有自觉的意图和预期目的的社会活动。只是从不同层面考察，这种自觉性所表现的程度和方式不尽相同，无论是从微观层面还是从宏观层面，人力资源自然生产具有明显的目的性。从微观家庭分析，每个家庭的人力资源自然生产目的各不相同，有的是为了家族延续，有的是为了以后的养老，有的是为了承担社会责任，有的是为了提高自己的生活乐趣，有的则是为了实现家庭其他人的愿望……从宏观层面分析，也就是从社会整体来分析人力资源自然生产的社会目的，这种社会目的是由一个国家或地区不同发展阶段的社会经济关系决定的。宏观人力资源自然生产目的反映了不同社会制度、社会发展阶段社会发展的实质，它规定着社会发展的很多方面，具有不依人的意志为转移的历史必然性。

---

① 中共中央马克思恩格斯列宁斯大林著作编译局. 马克思恩格斯选集（第1卷）[M]. 北京：人民出版社，1995.

首先，人力资源自然生产的直接目的是为了提供人类社会物质生产所需要的健康的人力资源。人类要生存和生活，就必须将人力资源和生产资料进行有效结合，在生产劳动过程中，生产资料和人力资源都处于不断被消耗和被磨损的过程，人力资源必定会经历衰老和死亡，因此就必须进行人力资源的更新和替换，才能保证物质生产、精神生产和社会生产的持续进行。而人力资源的自然生产，即种的繁衍，再加上后续的教育和培训，使之成为人力资源，才能确保社会系统的正常运转。

其次，人力资源自然生产的最终目的是为了满足生产资料所有者的物质和精神需要。人力资源自然生产为物质生产、精神生产和社会生产提供人力资源，实质是为了生产资料所有者提供人力资源，以满足他们的物质和精神需求。在不同的社会发展阶段，生产资料所有者不同。人力资源自然生产目的也不同。奴隶社会，奴隶主掌握和控制生产资料，人力资源自然生产的最终目的就是为了满足奴隶主的物质需求和精神需求。资本主义社会，生产资料归资本家所有，人力资源自然生产的最终目的就是为了满足资本家的物质需求和精神需求。社会主义社会，人民群众当家作主，人民群众是物质资料的所有者，人力资源自然生产的直接目的是提供实现国家重大发展战略所需要的人力资源，最终目的就是为了满足人民群众日益增长的物质文化和精神文化需求。

（二）外部性

外部性又称为溢出效应、外部影响或外部效应，指个体或群体的行动和决策使其他人或群体受益或受损的情况。根据外部性的效果性质差异，可以分为正外部性和负外部性。正外部性是指某一方经济主体的行为会对他方产生益处，但是受益者却无需为此支付费用；负外部性恰好相反，是指某一方的行为使他方受损，但其却不用为此损失承担成本。

人力资源自然生产同样具有外部性。个体或家庭在做人力资源生产决策时，往往是从个体或家庭的角度来考虑收益及成本，进而选择家庭的最优决策。每个家庭追求自身最大利益的理性行为，在“看不见的手”的调节下，经常会造成家庭最优与社会最优之间的偏离。

人力资源自然生产外部效应主要包括以下几方面。

1. 人力资源生产规模影响人口安全

当人力资源生产速度大于物质生产速度时（一般是指高于更替生产水平），人力资源生产数量过多，会增加家庭的抚养成本和经济压力，给社会造成生存发展压力；人力资源生产数量降低，则降低家庭的抚养成本，有利于降低社会负担，提高经济发展速度。当人力资源生产速度低于物质生产速度时（一般是指低于更替生产水平），增加人力资源生产数量，则可以缓解社会的少子化、老龄化，提供足够数量的劳动力；降低人力资源生产数量，则会加剧人口萎缩、人口结构失衡、人口亏损等人口安全问题。从更大范围角度来分析，会影响人力资源的发展质量和生活质量。

我国面临的第一个人口安全问题是人口快速、大规模老龄化，但养老保障根基薄弱。据保守估计，我国 65 岁以上老人占全部人口的比例将从 2010 年的 8.9％增加到 2050 年的 25.6％，最需照料的 80 岁以上高龄老人将从 2010 年的两千万增加到 2050 年的 1.2 亿人。在 2035 年左右，我国人口老龄化水平将显著超过美国。自

2010 年，我国农村老年人口比例就大大高于城镇老年人口比例。如果 2010 年人口普查数据反映的农村向城镇迁移人口绝大多数为年轻人的趋势不变，预计到 2050 年，农村人口的老龄化水平将为城镇的两倍，农村空巢老人比例将为城镇的 2.9 倍。第二个人口安全问题是出生性别比偏高。我国 20 世纪 50 年代到 70 年代出生性别比属正常范围，80 年代初开始偏高，且持续快速上升，2000 年出生性别比高达 1.2∶1。虽然近十几年我国出生性别比有一些下降，2015 年为 1.13∶1，仍然比正常水平高出将近 11 个百分点。根据联合国数据，我国仍然是全世界出生性别比最高的国家。①

2. 人力资源生产水平会影响人力资源供给

高生育水平会在一代人的时间段造成就业压力和生活压力，影响下一代人的工资水平和生活质量。低生育水平在生育供给上带来了人口少子化和年轻人口亏损，在家庭结构上带来巨大的人口风险，在人力资源供给上导致未来社会人力资源供给不足，在养老结构上带来少子老龄化、独子空巢化和无后高龄化等多重挑战。②

我国总人口中的劳动年龄人口比例于 2011 年达到最大值，此后开始逐年下降，2016—2020 年，我国劳动力投入增长率估计为 −0.9%。③ 我国在绝对供求意义上暂时不缺劳动力，但如果考虑区域分布、行业分类，结构性的劳动力短缺日趋严重。今后随着老龄化加剧，我国的劳动力供应将会由结构性的相对短缺走向绝对短

① 曾毅. 中国面临两大人口安全问题，机构整合是关键，http://business.sohu.com/20160811/n463654076.shtml

② 穆光宗，人口生态重建［M］. 北京：中国科学技术出版社，2016.

③ 李扬：中国劳动力不但供应短缺还面临结构性问题，http://www.jiemian.com/article/1199737.html

缺。[①]

3. 人力资源生产的变化还会影响到教育的供给需求和供给结构

人力资源生产对妇幼保健、医疗卫生、康复、养老也会产生明显的影响。由于我国原来实行了严格的计划生育政策，普通小学生人数从2000年的13 013.3万人下降到2016年的9 913.0万人；初中在校人数从2000年的6 256.3万人减少到2016年的4 329.4万人。

4. 人力资源生产水平和生产观念还存在代际间的外部性

作为20世纪50年代人口出生高峰的必然后果，如果不加干涉，70年代必定会出现再一次的人口出生高峰，这也是一种代际间的外部性。“越生越穷，越穷越生”现象也是一种典型的代际外部性。在贫困地区，由于孩子的生养成本低，但预期效用大，特别是贫困家庭对男孩的依赖性比较大，在生育时性别偏好更加强烈。随着生育政策、生育观念变化和经济发展水平影响，优生优育的观念已成为社会共识，人口质量观念逐步替代人口数量观念，持续的低生育率将会破坏人口的结构和功能。国家统计局数据显示，2015年的总和生育率仅为1.05，而这个数据比必要的人口更替生育率低两倍。《人民日报》称这意味着我国生育水平是全球最低。到2035年，有劳动能力人口数量将缩减11%，而退休人员数量却要增加14%。[②]原国家卫计委的数据表明我国生育率水平正在回升，原国家卫计委2017年8月发布的《2016年我国卫生和计划生育事业发展统计公

① 中国劳动力供应将从相对短缺走向绝对短缺，http://item.btime.com/wm/478v4bjek3f8acq15j383s8o5ae

② 生育水平全球最低 中国年轻人追求前途选择不生，http://news.southcn.com/community/content/2016－12/04/content_160964438.htm

报》显示，根据住院分娩活产统计，2016 年全国新出生婴儿数为 1 846 万人，比 2013 年增加 200 万人以上，总和生育率提升至 1.7 以上。[①]

人力资源生产的外部效应是普遍存在的，但其表现却根据时间、地点的不同而有所差异。比如生育意愿低，甚至出现零增长和负增长的现象，其外部效应就表现为人力资源生产不足，本国或本地区的人力资源增长难以满足社会经济发展的需要。

目前我国突出的人力资源生产负外部效应就是“以加速老龄化和超低生育率为首要特征的人口新常态”，具体表现为：育龄妇女人数和比例保持下降，特别是 20～29 岁处于生育旺盛期的人数快速减少，人口总量快速增长的变化趋势明显扭转，人口增长率保持 5‰左右的低水平，将于 21 世纪 30 年代末期进入负增长阶段。人口年龄结构问题日渐突出，平均预期寿命显著延长，老龄人口不断增加的同时劳动年龄人口不断减少，人口老龄化程度不断加深。民众的生育意愿逐渐转变，生育观念的主流转向少生优生；出生人口性别比持续偏高；家庭规模缩小，传统的养老抚幼、互助互济等功能弱化；人口素质显著提高，人力资本存量大幅度增长；人口城乡分布格局改变，人口城镇化快速发展。[②]

上述变化对我国经济社会发展和人口安全提出了许多新的挑战。今后几年仍然是我国劳动力资源充沛、社会抚养负担相对较轻的有利时期，是计划生育政策调整完善的有利时机。我国应进一步深刻理解和把握人口发展规律，满足人民美好期盼，不断完善全面

---

① 2016 年我国卫生和计划生育事业发展统计公报》解读，http://www.nhfpc.gov.cn/guihuaxxs/s10748/201708/632e3ccdbdc045af97504fb4f8187463.shtml

② 李建民. 中国的人口新常态与经济新常态［J］. 人口研究，2015（1）：3－13.

“两孩”政策，优化人口结构，为经济社会发展创造良好的人口环境，促进家庭幸福与社会和谐。

（三）刚性

所谓刚性是指一个国家或地区的人力资源自然生产水平达到低生育陷阱后，人们对外部条件的刺激反应迟钝，鼓励生育的政策往往见效甚微，即使经济发展程度很高，生育率也不会明显提高。

低生育率陷阱理论是鲁兹（W. Lutz）和希尔贝克（V. Skirbekk）在研究低生育率国家中政策对生育的“进度效应”的作用时提出来的。之后，鲁兹等人进一步深入论证了低生育率陷阱的“自我强化机制”。根据他们的观点，总和生育率在1.5的水平时，是一个关键时期，此时会形成低生育率的自我强化机制，使得生育率不仅不会提高，反而会进一步降低，也就是会陷入低生育率陷阱。[①]国际社会通常将低于2.1更替水平的生育率称为低生育率，而将低于1.5的生育率称为很低生育率，将低于1.3的生育率称为超低生育率。[②]一旦生育率低于1.5，即使采取积极的生育政策，政策效果并不会很明显。根据联合国2015年发布的世界人口数据，虽然采取了积极的生育政策，俄罗斯的总和生育率从2005—2010年的1.44仅仅上升到了2011—2015年的1.66，德国的总和生育率从2005—2010年的1.36提高到2011—2015年1.39，日本从1.34提高到1.40，韩国从1.23提高到1.26，促进生育的效果并不明显。[③]

低生育率在全球已经成为越来越普遍的现象，许多发展中国家

---

① 石人炳．低生育率陷阱：是事实还是神话？[J]．人口与计划生育，2010（3）：107－112.

② 汤梦君．警惕“低生育率陷阱”，大众日报，2015－01－28.

③ 王晓易．卫计委回应“低生育陷阱”：实际生育率约1.5～1.6，http://money.163.com/15/1105/12/B7LIHQU600254TI5.html

的生育率也一再下降，甚至进入超低生育水平。我国的经济发展水平和生育水平之间存在一定差异。而且我国城乡和地区之间生育水平也存在较大差异。东部沿海地区在经济快速发展的同时，超低生育水平也已经维持了多年。比如，2016 年上海常住人口的出生率仅为 9‰，户籍常住人口自然增长率为 1.1‰。[①] 之所以会出现这种情况，与经济社会发展水平有关，经济的发展使得抑制生育的因素越来越多，作用越来越大，对鼓励生育政策的抵消就越来越明显。但是必须认识到，生育率长期低于更替水平，对于人口结构的长期演变非常危险，对我国的长期可持续发展非常不利，必须予以高度重视，及早采取有力措施加以调整。

（四）不平衡性

由于自然条件、文化观念、生育政策和经济发展水平的差异，我国的人力资源生产具有明显的不平衡性。主要表现为地区不平衡、城乡不平衡和受教育程度不平衡。经济发达地区的生育水平低于欠发达地区，城市生育水平低于农村，文化程度高的育龄妇女生育水平低于文化程度低的育龄妇女。我国生育水平形成了“中西部中度低水平，东部深度低水平，东北极度低水平”的空间格局。除少数极低生育率省区回升外，实际生育率及其与政策生育率的比值仍在下降。生育率下降的主要推动力是育龄妇女的发展变化，表现为生育旺盛期育龄妇女比总人口和全部育龄妇女有更高的城镇化和非农化水平，外出流动比例更大，受城镇生产、生活方式和文化观念的同化影响更为强烈等。发展促使生育率下降的趋势已不可逆

① 2016 年上海市国民经济和社会发展统计公报，http://www.shanghai.gov.cn/nw2/nw2314/nw2318/nw26434/u21aw1210720.html

转。现行生育政策难以使生育率稳定在合理的低水平。有可能引起政策性反弹的重点在计划生育基础较好的城镇和东部及东北地区；有可能引起非政策性反弹的势能，因已有一孩、待生二孩的比例偏低，生育率反弹的势能已有所弱化；中西部农村年轻一代妇女多胎生育比例平均只有4.12%。[①]

（五）计划性

计划性是具有中国特色的人口生产特性。由于我国实施计划生育的基本国策，人力资源的生产具有明显的计划性。随着我国计划生育政策内涵的不断变化，我国人力资源生产的内涵也在不断变化。

根据党和政府对计划生育工作的指导，我国提出计划生育政策，使人口增长与国民经济的发展相适应。1973年，国家成立计划生育领导小组，地方和部门各级、各类计划生育工作管理机构也相继成立，人口指标开始被纳入国民经济计划，计划生育工作开始在全国范围内铺开。鉴于控制人口过快增长是计划生育的首要问题，所以必然要对结婚时间、生育数量、生育间隔等问题做出具体规定，在充分考虑国家利益和家庭利益的的基础上，逐渐形成了国家计划生育政策体系。1973年以“晚、稀、少”为主要内容的计划生育政策正式形成，即“鼓励男女青年晚婚晚育，鼓励夫妇拉长两胎之间的间隔，鼓励一对夫妇少生子女。”晚婚女性为23岁，男性为25岁，一对夫妇最好生育一个孩子、最多两个，生育间隔必须在3年以上。同时，还对接受计划生育手术的城市职工和农民的福利待

① 尹文耀，姚引妹，李芬．生育水平评估与生育政策调整——基于中国大陆分省生育水平现状的分析［J］．中国社会科学，2013（6）．

遇问题做了规定，要求城市住房分配和农村口粮及自留地分配等社会经济政策都要有利于计划生育工作的顺利开展。这样，以“晚、稀、少”为内容的计划生育政策基本形成。

1980 年 9 月 25 日，中共中央发布了《关于控制中国人口增长问题致全体共产党员、共青团员的公开信》，标志着我国“一对夫妇只生一个孩子”为中心内容的计划生育政策初步得以具体实施。但是其中的“提倡”实际上演化为“独生子女”政策，除有特殊情况外，都必须执行的硬性规定。生育政策实现由“两胎”向“一胎”彻底转变，“除少数民族外，严格控制生育第二个孩子，城乡无一例外。”自 1980 年后，我国生育政策的从紧导向一直没有调整，直到 2013 年，党的十八届三中全会决定启动实施“单独二孩”政策，昭示着我国生育政策出现了重要的“拐点”，从一味“收紧”转向适度“宽松”。2015 年，党的十八届五中全会公报提出要在继续坚持计划生育基本国策的同时，不断完善人口发展战略，全面实施新的生育政策，即一对夫妇可生育两个孩子政策，并采取积极行动应对人口老龄化。这是继实施“单独两孩”政策之后的又一次人口政策调整，是我国人口的主要矛盾由增长过快转向结构性矛盾突出的现实背景下所做的必然选择。

2017 年发布的《国家人口发展规划（2016—2030 年）》提出，“面对人口发展重大趋势性变化，必须把人口均衡发展作为重大国家战略，加强统筹谋划，把握人口发展的有利因素，积极有效应对风险挑战，努力实现人口自身均衡发展，并与经济社会、资源环境协调发展……推进全面两孩政策实施，平缓人口总量变动态势，避免人口达到峰值后快速下降，发挥政策最大效应。该规划提出的主要目标是，总和生育率逐步提升并稳定在适度水平，2020 年全国总人口达到 14.2 亿人左右，2030 年达到 14.5 亿人左右。[①] 之前的人口规划只是给出人口总量不得逾越的控制目标，而这次规划则是确定人口总量要达到的预期目标。这种差异反映了国务院已经转变了人口越少越好的思路，而且认为目前生育率过低，需要提升，这体现了以人为本的理念和确保我国人口均衡发展的决心。

我国需要建立具有中国特色的人力资源生产体系，这就需要中央政府应用大数据、云计算等现代数字技术，分析和研判我国当前人力资源自然生产的现状和规律，进行人力资源生产体系的顶层设计，通过人力资源生育政策的利益引导机制，自动调节人力资源的自然生产，深入研究人力资源社会生产、配置、使用、激励、保障等后续环节对人力资源自然生产的反馈强化机理，建立一个满足教育公平、自由发展、个性释放和群体协进的人力资源生态体系。

第二节　宏观人力资源的社会生产

一、宏观人力资源社会生产的概念

人力资源自然生产为宏观人力资源社会生产提供了生理基础和载体，但是，仅仅有自然生产还不够，人力资源的形成还需要社会生产环节。人力资源社会生产也称为人力资源培育，是指人力资源生产主体（包括国家、学校、用人单位、社会、家庭）通过教育、培训、医疗保健、使用等手段提升人力资源的知识、技能、态度、能力、素质的过程。它是宏观人力资源管理体系运转的前提。人力

① 国务院印发国家人口发展规划（2016—2030 年），http://news.ifeng.com/a/20170125/50629022_0.shtml

资源的社会生产包括以下几个要点：人力资源生产主体既包括国家（中央政府和地方政府）、用人单位、社会团体，也包括家庭和个人等；人力资源社会生产可以直接或间接提供劳动生产所需要的体力、智力、知识、技术和素质，即可以提高、增加或改善人力资源的就业能力；人力资源社会生产主体可以获取人力资源的劳动产出及由此带来的收入增加和社会价值增加。人力资源社会生产具有其他类型生产的一般性质。它同物质生产一样，是能够带来新的价值增值的一种真正的生产行为或活动，而且是一切生产中收益最大，影响最持久的社会生产。

二、宏观人力资源社会生产的理论基础

人力资本理论是人力资源社会生产的理论基础。人力资本理论形成经历了较长的时间。亚当·斯密（Adam Smith）1776 年出版的《国富论》中，对人力资本思想进行了初步论述，他提出“固定资本中包含所有居民或社会成员获得的有用的能力，这种才能是通过包括教育、学校和学徒过程获得的，一般都需要付出现实的成本。”1803 年，法国古典经济学家让·巴蒂斯特·萨伊（Jean Baptiste Zaire）在《政治经济学概论》中提出“具有特殊才能的企业家在生产过程中发挥着特殊的作用。”美国经济学家欧文·费雪（Erwin Fisher）在 1906 年出版的《资本的性质和收入》中，首次提出并论述了人力资本概念。苏联经济学家斯特鲁米林（Strumilin）在 1924 年出版的《国民教育的经济意义》一文中，对教育投资的收益率进行了研究，提出了计算公式。美国哈佛大学沃尔什（Walsh）在 1935 年发表的《人力资本观》中提出，通过计算教育费用与日后收入的比值来确定教育的经济效益，认为可以用教育经济效益的指

标来计算高中和大学教育阶段是否有利。新制度学派的代表人物加尔布雷斯（Galbraith）在1958年发表的《丰裕的社会》中指出，大量受过教育的人是现代经济活动所必需的要素，对人的投资在重要性上与物质资本相同，对教育和科学的投资决定了资本或者技术进步的程度。

在20世纪50年代末60年代初，美国芝加哥大学的西奥多·舒尔茨（Theodore Schultz）在一系列论文中对人力资本理论的开创性论述，成为现代人力资本理论的重要基础。他在1960年就任美国经济学会会长时的演讲中，对人力资本的概念、性质、投资渠道和内容、对经济增长的贡献等问题进行了明确的阐释。

美国经济学家爱德华·丹尼森（Edward Dennison）的计量研究表明了人力资本对经济增长的重要贡献，他的研究表明，美国1929—1957年经济增长的23%归功于教育事业的发展，也就是来自于人力资本的积累。教育的普及和教育质量的提高，使劳动者的平均质量提升了0.9个百分点，对美国国民收入增长率贡献了0.67个百分点，对人均国民收入增长率的贡献达到了42%。丹尼森的研究为舒尔茨的理论提供了坚实充分的证据，引起了世界各国对教育事业的重视，导致全球教育经费十几年的持续增长。

1957年，美国经济学家雅各布·明塞尔（Jacob Ming Searl）在其博士论文《人力资本投资与个人收入分配》中，建立了经济数学模型，用以分析接受培训情况与其个人收入关系。之后，他通过对劳动者个人收益率差别的研究，推算了美国在职培训的投资总额及其收益率的变化。明赛尔从人力资源教育差别导致的素质差异入手，研究了工人收入增长以及收入差距变化的原因，指出根本原因就是工人受教育状况的改善。

20 世纪 80 年代后，对人力资本理论的研究集中体现在“新经济增长理论”的发展当中，保罗·罗默（Paul Romer）、罗伯特·卢卡斯（Robert Lucas）和凯文·墨菲（Kevin Murphy）等人是此理论的代表人物。他们的经济增长模型将人力资本要素作为一个内生独立变量引入其中，确立了人力资本与物质资本同样甚至更为重要的经济要素的地位。

进入 21 世纪以来，人力资本的研究范畴不断扩展，学者对人力资本概念的内涵和外延都进行了更深入的研究，智力资本、知识资本成为学术界常见的表述方式，研究的视角从经济学界不断向管理学、社会学、心理学以及政治学等学科拓展，研究的内容更多的侧重人力资本的构成、作用机制、产权制度、激励策略等。

总之，人力资本理论随着社会发展变化，其研究内容和研究方法都在不断变化，人力资本理论为宏观人力资源管理的理论研究提供了理论基础和参考。

三、宏观人力资源社会生产的特征

（一）人力资源社会生产主体的生产意愿与生产行为的不一致性

人力资源社会生产主体是人力资源社会生产的需求者和参与者，而客体是承载劳动和创造能力的人力资源个体本身。人力资源社会生产的外在主体的生产意愿需要通过生产内在主体来实现。当人力资源社会生产的外在主体，比如国家、社会团体、用人单位和家庭，有人力资源社会生产的意愿和需求时，均需要人力资源内在主体的同意和配合。又如，家长希望子女参加兴趣班或辅导班，首先要征得子女的同意，他（她）们需要投入时间、精力和劳动。如果人力资源社会生产内在主体不愿意或不能进行人力资源社会生产，人力资源社会内在主体不愿意付出时间、体力、精力，人力资源社会生产主体的生产行为也许可以继续实施，但是生产效果却无法达到预期目标，甚至会中断、失效，造成资源的浪费。当人力资源社会生产主体与生产客体为同一角色时，人力资源社会生产的效果往往是最好的，因为他（她）有足够内在动力和外在动力完成这一生产过程，而且生产效率非常高。还以孩子接受教育培训为例，当孩子愿意参加家长要求参加的培训班或辅导班时，培训的效果是最好的；否则，孩子即使被迫参加了培训班或辅导班，培训的效果也很难达到预期的效果。

（二）人力资源社会生产的持续性

自人力资源个体生命出现以后，人力资源社会生产就会进行，并且持续不断，只是在生命周期的不同阶段表现出不同的生产形式。人力资源个体在出生以后，首先要进行的社会生产环节就是家庭教育，家庭不但要保障人力资源个体生存和发展，还要保障人力资源个体学会最基本的生存技能。达到一定年龄后，人力资源个体会接受一系列的正式教育。当一个人在完成正规教育后（有一些人也许无法接受全部的正规教育），进入社会从事生产活动，接受来自不同生产主体的职业培训和工作锻炼。从时间跨度上讲，人力资源社会生产要贯穿于个人的一生，但是，在人的生命周期不同阶段，人力资源社会生产的主体、内容、形式、目的、效果等方面往往不是一成不变的，绝大多数是在原有基础上不断发展和不断升级的。在人力资源社会生产过程中，人力资源本身要积极适应环境，包括社会化大生产、科技发展所带来的需求变化，主动适应的过程会使人力资源劳动能力的提高与社会发展同步进行。因此，人力资源社会生产具有明显的持续性特征。

（三）人力资源社会生产主体与生产客体收益的不完全一致性

人力资源的社会生产不同于其他类型的生产，人力资源社会生产结果只存于人力资源个体，它是无形的、潜在的，是只有在与生产资料结合时才会产生价值的一种存在形式。人力资源社会生产主体并不必然获得生产收益，是否获得收益与人力资源社会生产主客体的一致性、人力资源社会生产收益有无有直接关系。人力资源社会生产的收益者首先是人力资源社会生产客体，即人力资源个体。从宏观层面分析，人力资源社会生产导致的人力资源个体素质和技能提升将会为所在单位、地区、国家创造价值，这时候，用人单位和国家作为人力资源社会生产的主体，也获得了生产收益。也就是说，宏观层面的人力资源社会生产主体的生产收益与生产客体的收益在形式、内容、大小方面具有不完全一致性。

（四）人力资源社会生产方式的多样性

人力资源社会生产方式具有明显的多样化特征。教育、培训、迁移、医疗保健、干中学等都是人力资源社会生产的方式，其中，教育是人力资源社会生产最重要的方式。教育有狭义与广义的区分，狭义的教育指从学前、小学、中学到高等教育的各级别的学校教育，其中也包括职业教育；广义的教育是指具有教育功能的一切社会活动，包括家庭教育、学校教育、社会教育、职业培训等。

著名教育学家杜威（Dewey）认为学校教育的功能是提供平等的机会，使人们可以增长并发挥自己的才能，培养具有工作技能与国民素质都符合要求的个体。[①] 教育既是宏观人力资源社会生产的重要方式，也是重要的消费方式，所谓消费是指教育需要政府、企业、家庭投入大量的金钱、时间以及情感。同时，教育也可以取得人力资源的智力、知识、技术等生产力的有效提升，所以教育也是一种潜在生产要素。

经济发展的结构性和丰富性需要人力资源的结构性和丰富性予以支撑，所以，人力资源社会生产要适应这种需求，发展适合一个国家或地区经济发展需要的人力资源社会生产结构和生产形式。同时，人力资源的社会生产要解决通用性的问题，以适应当今社会的快速变化。

（五）人力资源社会生产效果的多样性

物质产品产出、服务产出及其折合的价值产出，生产力水平的提高，以及社会精神物质财富的增加等都是社会生产效果的一般形式。人力资源社会生产效果，除了表现为上述形式之外，还表现为人力资源的受教育水平、思想素质水平、道德水平、健康水平的提高与全面发展，人力资源的就业能力、生活质量、社会经济地位、社会精神文明的提高和人类社会的进步等也是人力资源社会生产的效果。因此，人力资源社会生产效果具有多样性。

多样性也表现为人力资源社会生产效果与社会发展阶段具有直接关系，即不同的经济形态对人力资源生产的需求会有明显区别。随着数字技术向各领域渗透，人力资源越来越需要具有双重技能——数字技能和专业技能。在数字经济条件下，数字素养就是人力资源社会生产效果之一，数字素养就是数字时代的基本人权，是

① 吕达. 杜威教育文集［M］. 北京：人民教育出版社，2008.

与听、说、读、写同等重要的基本能力。提高数字素养既有利于数字消费，也有利于数字生产，是数字经济发展的关键要素和重要基础。[①]

第三节　宏观人力资源的生产过程

一、宏观人力资源生产过程概述

从理论层面分析，广义的人力资源既包括健康的人力资源和残疾人力资源。残疾人力资源是指在一定的经济和社会条件下，残疾人个人和群体中具备体力和脑力劳动能力，能够参与社会经济活动并创造价值的残疾人资源的总和，随着医疗、保健和卫生事业的发展，许多原本不具备或丧失劳动能力的残疾人，通过治疗和康复有可能恢复劳动能力，可以把这部分残疾人理解为潜在的残疾人力资源。[②]

人力资源并不是先天存在的，所有的人力资源都是由人口转变而来的，高端人力资源大多是由一般性的人力资源转化来的。人力资源生产过程包括人力资源自然生产过程和社会生产过程。人力资源自然生产的结果是人口的出生，出生人口按照健康程度可以分为健康人口和非健康人口。健康人口为人力资源社会生产提供了基本条件。一部分非健康人口可以通过医疗卫生和康复等手段转变为健康人口；还有一部分非健康人口转变为残疾人口，无论是健康人口还是残疾人口，都有接受教育、培训和就业等人力资本提升的权利，都有成为人力资源的可能性。一般来说，残疾人口转变为残疾

① 马化腾. 数字经济——中国创新增长新动能［M］. 中信出版集团，2017.

② 童泽. 人道主义与残疾人发展［M］. 北京：中国社会出版社，2008.

人力资源的投入比健康人口转变为健康人力资源更大、时间更长。人力资源整个生产过程如图 5—1 所示。

在人力资源完成自然生产过程后，就形成了健康人口和非健康人口两种人口类型。健康人口通过完成各个正式的教育阶段，形成初级人力资源。然后再通过研究生阶段的教育或公司的培训开发，形成更高端或更专业的人力资源。

特别需要说明的是，健康人口在教育、培训和工作过程中，由于意外事故、疾病、工伤、犯罪等多种原因，也有可能从健康人力资源转变为残疾人力资源或非人力资源人口。

一部分非健康人口通过医疗或康复等手段，可以转变为健康人口；还有一部分非健康人口因种种原因无法转变为健康人口，就成为残疾人口。一部分残疾人口通过特殊教育或融合教育，成为初级残疾人力资源，再经过培训开发成为残疾人力资源。当然，还有一部分重度残疾人口无法接受教育和培训，无法成为残疾人力资源，就变为非人力资源人口。

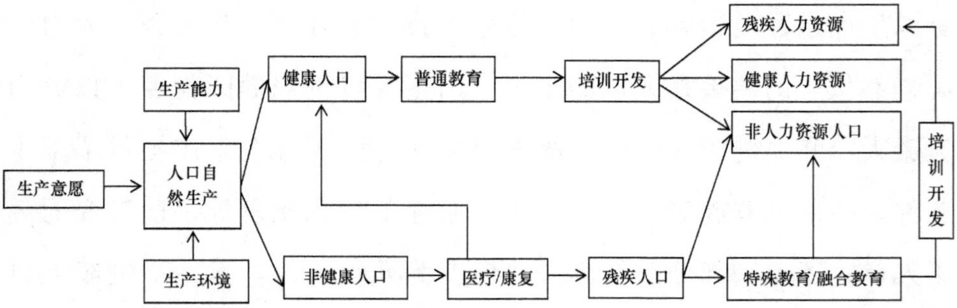

图 5—1 人力资源生产过程

二、宏观人力资源的自然生产环节

人力资源自然生产需要一定的条件，比如生产意愿、生产能力和生产环境。生产意愿和生产能力是指生产主体需要具备的条件，生产环境包括微观生产环境和宏观生产环境，比如人力资源生产的文化观念，人口生育政策等。人力资源自然生产的微观主体（个人）也需要营造生产的微观环境。

生育政策对人力资源自然生产有一定的影响，但影响的效果又与国家社会发展阶段有关系。自计划生育被确立为基本国策以来，我国人口过快增长的势头得到了有效控制，少生了 4 亿多人。[①] 这充分说明当年的生育政策曾对我国人力资源自然生产产生重要影响。但是，随着经济社会发展水平提升和人民生育观念的变化，生育政策对人力资源自然生产的影响在不断下降。我国的“单独两孩”政策从 2013 年开始实施，效果与预期差异较大。制定政策时预期会有 60%符合政策的夫妻选择生育二孩，以 1 100 万对适龄夫妻总量计算，估计会多生育 660 万左右人口，但是截至 2014 年 12 月，“单独二孩”政策实施一年内，全国提出申请生育二孩的夫妻不到 100 万对，不到预期 200 万对的一半。到 2015 年 10 月，全国申请再生育的单独夫妻仅有 185 万对，与全国 1100 万对符合政策夫妻相比。只占 16.8%，[②] 这种情况宣示了我国的生育意愿已经低到了非常危险的程度，直接导致了“全面两孩”政策的来临。2015 年我国实施“全面两孩”政策，“全面两孩”政策是对现有计划生育政策的进一步完善。2016 年有一项研究，调查结果表明因经济负担、太费心力和无人看护而不愿生二胎的比例，分别占到了 74.5%、

---

① 卫计委. 计划生育 40 年中国少生了 4 亿多人，http://society.people.com.cn/n/2014/0710/c1008—25264629.html

② “单独两孩”实践遇冷 生育率低到危险，http://sd.ifeng.com/special/erhaishidai/detail_2016_01/05/4721196_0.shtml

61.1%和60.5%。[①] 中国社会科学院发布的《经济蓝皮书：2015年中国经济形势分析与预测》认为，目前我国1.4的总和生育率已经远低于2.1的更替水平，只略高于1.3的“低生育陷阱”水平。[②]从2016年放开二胎的情况分析，放开二胎的效果与预期相去甚远，挑战比想象的更严峻。

生育观念的变化也是影响人力资源自然生产的因素，我国几十年的计划生育政策宣传产生了一定的效果，“少生优生”等观念已深入人心。全国妇联的调查表明，在包含城乡的所有被调查的家庭中，53.3%不打算生育二胎，城市中的比率高达60%以上。[③] 国际经验表明，1.5的总和生育率是一个需要高度警戒的水平，一旦低于此水平，就陷入了低生育率陷阱，很难出离。历史上，只有瑞典和法国在跌破1.5以后重新回升到此水平以上，但也都没回到2.1的世代更替水平以上。1989年日本的生育率降至1.57，日本政府和国民都非常震惊和关注，称之为“1.57危机”。日本政府出台各种措施挽回生育率，但效果甚微，生育率仍然不停下滑，至今都未回升到1.45的水平。我国极其严格的计划生育政策使得我国的生育率快速下降，从1970年的5.81降至1980年的2.24，20世纪90年代降至更替水平之下，至今已有20多年。21世纪以来我国的总和生育率一直维持在1.4～1.5之间，不仅远低于2.1的更替水平和2.5的世界平均水平，也低于发达国家1.7的平均水平。这些情况说明

---

① 最新人口数据揭示中国经济未来 问题严峻超出想象，http://news.sohu.com/20170114/n478709741.shtml? fi

② 放开二孩政策的5个原因 单独两孩遇冷生育率低到危险，http://www.qdqss.cn/news/china/20151029/19266.shtml

③ 中国已掉入低生育率陷阱 放开二孩严重滞后，http://news.china.com/domestic/945/20150918/20418448.html

我国民众的生育意愿确实已经非常之低，我国低生育文化已经形成。

经济因素和时间因素也对人力资源自然生产有较大的影响。家庭考虑生育二孩的影响因素，首先就是经济和时间方面的成本。根据有些专家的测算，生育二孩至少需要100万元的费用，但是，这种说法应该明显低估了大中城市的生活成本。有报道指出，多生育一个孩子，家庭就需要更换一套大一些的房子，以现在一、二线城市的房价计算，仅房子一项的置换成本，就至少需要多支出150万元以上。① 而时间成本比经济成本更令人忧虑。“全面两孩”政策实施以后，女性找工作的难度明显增加了，以前企业对已婚已育的女性没有太多顾虑，但是现在，企业要考虑她们生二孩的可能，对女性的应聘者更为谨慎，因为女性必须花费大量的时间在孩子和家庭上面，对工作的投入不可避免地会受到限制。

中国社会科学院人口所主编的2016年《人口与劳动绿皮书》认为：生育政策的调整不会以“全面两孩”为终点，政府应该根据实际的生育指标发展变动趋势，及时做出对生育政策进行调整或保持的决策，调节人们的生育行为以适应经济、社会、资源、环境可持续发展的要求。为避免滑进“低生育率陷阱”，我国在未来有可能需要进一步放宽生育限制，甚至全面取消生育限制。②

三、宏观人力资源的社会生产环节

人力资源社会生产过程就是通过医疗卫生、康复、教育、培训

---

① 最新人口数据揭示中国经济未来 问题严峻超出想象，http://news.sohu.com/20170114/n478709741.shtml? fi

② “全面两孩”实施满一年：会是生育政策调整终点么？http://finance.sina.com.cn/china/gncj/2017—01—01/doc-ifxzczsu6447548.shtml

开发等手段进行人力资源生产和人力资本提升的过程。人力资本具有时效性、收益性、无限潜在创造性、累积性和个体差异性。在人力资源社会生产过程中，人力资本是国家、社会、家庭和个人共同作用而形成的结果。

（一）医疗卫生、康复

人口自然生产之后的营养、健康、教育水平和环境会影响人力资源生产质量。2015 年，中国科学院农业政策研究中心联合国家卫生计生委国际培训中心等单位，对河北和云南 6～18 月龄的农村婴幼儿开展了测试，测试结果表明：在河北农村，样本村有 43%的婴幼儿认知或语言发展滞后于正常儿童；在云南农村，这一比例甚至超过 60%。与之相对的是，在我国城市和一些富裕农村，这一比例仅为 15%左右。中国科学院农业政策研究中心学术顾问兼顾问委员会主席罗斯高认为“中国农村婴幼儿认知和语言发展滞后是一个巨大的隐形危机，将直接影响未来中国人力资本的质量。”[①] 这些孩子可能因为认知和语言能力不足而在未完成初中阶段时就已辍学，进入人力资源市场后，对未来科技发展的需要也很难适应，这会制约我国未来劳动力素质的提高，甚至可能成为我国跨越“中等收入陷阱”的一个障碍。

（二）各类教育及存在的问题

教育是人力资源社会生产中最基础、最重要、最持久的生产手段。教育模式、教育导向、教育效率和教育质量是影响人力资源社会生产效果的重要因素。教育水平的高低往往决定了一个国家人力资源质量的高低。

---

① 周群峰. 中国农村婴幼儿能力的隐忧 [J]. 中国新闻周刊，2017－07－07.

中华人民共和国成立以后，经历了从文盲居多的人口大国到人力资源大国再到人力资源强国的过程。中华人民共和国成立初期，15 岁以上人口平均受教育年限与世界平均水平相比处于非常低下的水平，仅相当于其 30%～50%左右，与发达国家相比差距更大，仅相当于其 20%～30%左右，但是到 20 世纪 80 年代初期，我国已经达到了世界平均水平，与发达国家的差距也明显缩小。[①]《中国人力资本报告 2016》显示：1985—2014 年，我国劳动力人口受教育状况明显改善，其平均受教育年限从 6.38 年大幅上升到了 10.05 年，接受高中及以上程度教育人口的比重从 14%大幅上升到了 36%，接受大专及以上程度教育人口的比重从 2%大幅上升到了 16%。教育对于劳动力人口的人力资本形成的贡献作用最大，1995 年之后效果呈增加趋势。[②]

改革开放四十年，国民素质有了很大提高，我国已经成为人力资源大国，而且正在兴办全世界规模最大的教育事业，中国特色社会主义教育体系已经基本形成。国家把教育优先发展作为国家战略的基本构成，落实教育发展的战略决策，持续推进教育体制改革，先后颁布了《关于教育体制改革的决定》（国发〔1985〕21 号）、《中国教育改革和发展纲要》（国发〔1994〕39 号）、《关于深化教育改革全面推进素质教育的决定》（中发〔1999〕9 号）、《关于进一步加强农村教育工作的决定》（国发〔2003〕19 号）、《国务院关于进一步完善城乡义务教育经费保障机制的通知》（国发〔2015〕67 号）、《国务院关于印发国家教育事业发展“十三五”规划的通知》

① 胡鞍钢. 中国现代化：人力资源与教育 [J]. 教育发展研究，2015（1）：9—14.

② 2016 年中国人力资本指数发布 平均受教育年限提升，http://edu.qq.com/a/20161211/005282.htm

(国发〔2017〕4号)。

在这些文件指引下，我国教育管理体制、投入体制、办学体制等方面都实施了重大的改革举措并取得了重要进展。深入推进基础教育管理体制改革，在全国范围内建立了城乡免费义务教育制度；改革高等教育管理体制，形成突出重点、带动整体的发展格局；改革职业教育管理体制；改革教育行政管理体制；改革办学体制；建立家庭经济困难学生资助体系；扩大教育对外开放；健全教育法律法规。通过上述的综合体制改革措施，我国教育改革取得了巨大成就，为我国的现代化建设培养了大批人力资源，国民素质有了很大提高，正逐步建设、发展成为人力资源强国。

党的十九大报告指出“我国社会主要矛盾已经转化为人民日益增长的美好生活需要和不平衡不充分的发展之间的矛盾”。从教育角度来讲，我国社会主要矛盾已经转化为人民日益增长的良好教育需要和不平衡不充分的教育发展之间的矛盾。“不平衡”主要指城乡教育差距，教育导向偏差，各类教育（幼儿教育、义务教育、高等教育）之间的严重失衡等问题；“不充分”主要指各类教育质量还不能满足社会发展需要，由于经济社会发展不平衡所造成的教育资源分配不均，已严重影响到人民对教育的满意度，教育事业治理体系和治理能力仍有待完善和提升。

城乡教育差距大是我国教育需要重点关注的问题之一。农村教育落后于城市的原因包括许多：营养健康状况、环境、乡村教师队伍、学科结构设计等。我国许多农村和西部地区，全县平均高考入学率仅为20%左右，意味着会有80%的学生进不了大学，在很多农村，只有1/3左右的初中生可以升入高中继续学习。2001年我国进行了大范围的课程改革，之后国家在很多方面调整了对于教师的考核要求，但是很多农村教师对这种变化适应很慢。把城市的教育模式完全套用在农村的做法，长期以来都有不同评价。客观地说，对农村和城市适用同样的标准和规则有失公平，因为农村的教育资源和学生的学习能力与城市相比还有较大差距，没有公平竞争的前提，有人把这种竞争称为龟兔赛跑。与城市相比，初中阶段的辍学现象，高中阶段的低升学率，都表明农村教育还是相对弱势的，相应的要着力改善农村教学的方式方法。

教育导向偏差也是我国教育需要关注的一个重大问题。在“看不见的手”导致人力资源社会生产出现偏差的时候，需要“看得见的手”进行积极引导和干预。我国长期的“身份管理”对整个社会认知产生了严重的负面影响，导致我国教育导向的非正常化。我国教育“崇尚高等教育、忽视职业教育”的氛围仍然存在，“宁上三本，不上高职”的情况仍然较为普遍，很多学生宁愿复读一年上三本，也不愿就读高职，这与社会观念相关。由于社会关注度不够，职业教育往往被看作“低层次教育”。造成这种非正常导向的原因有很多种，而以部分政府机关、国有企业为代表的用人单位的就业歧视，进一步加剧（恶化）了这一导向。根据相关调查，“院校门槛”（要求毕业学校为985、211高校）在部分地方政府、国有企业的招聘信息中尤为明显。浏览招聘网站的信息可以发现，类似的情况比较常见。许多地区明确要求，作为储备人才引进时必须是211高校毕业，许多非211高校招聘时，也要求教育和学术背景必须是

211高校。[①] 这种做法对多样化和丰富化人力资源的培养、选拔和发展非常不利，减少了实现社会向上流动的渠道和机会，不利于教育公平的促进。

学前教育发展得不到足够的重视将对我国人力资源质量产生严重的负面影响。儿童是祖国的花朵、民族的未来和希望。学前教育是幼儿接受教育的开始阶段，也是人力资源社会生产的第一个环节，它承担着奠定幼儿成长和发展基础的重要作用，远大的理想、高尚的情操、良好的习惯都是从这个阶段开始培养并逐渐形成。而目前我国对学前教育的重视程度还远远不够。无论是从学前教育的财政投入、法律法规，还是政府对学前教育采取的措施来看，我国学前教育与发达国家之间存在着明显的差距。近年来，国家才开始高度重视学前教育事业发展，先后出台了《国务院关于发展学前教育的若干意见》等一系列政策。从2010年开始，教育部已经连续实施了两期学前教育的行动计划，学前三年毛入园率从2010年的50.9%提高到了2016年的77.4%。但目前，学前教育投入保障不完善、城乡教育资源不均衡、学前教育师资力量不足、公办幼儿园和普惠性民办幼儿园数量不足、优质资源比例偏低、“入园难、入园贵”等问题仍未根本解决。[②] 幼儿园发生的一系列虐童事件，从一个侧面反映出人民群众刚性入园需求与学前教育发展不平衡、不充分之间存在的矛盾。针对这一矛盾，教育部准备采取五方面的措施：一是坚持发展与质量并重，扎实推进各地实施第三期学前教育

① 非211、985歧视由来已久 如何消除大学生就业歧视，http://edu.people.com.cn/n/2013/0505/c1053-21366545.html

② 王峰.“两会”代表建议确立学前教育财政投入的公平机制［N］. 世纪经济报道，2017－03－15. http://finance.sina.com.cn/roll/2017－03－15/doc-ifychihc6596270.shtml

行动计划，着力化解学前教育资源不足的问题。二是进一步制定强有力的监管措施，压实监管责任，加大督察力度，督促各地严格落实《幼儿园工作规程》，督促各类幼儿园依法依规办园，切实提高保教质量。三是加强师德师风建设，进一步健全幼儿教师资格准入制度，严把入口关，建设一支师德高尚、热爱儿童、业务精良、结构合理的幼儿教师队伍。四是要明确教师的行为规范。五是积极推进学前教育立法，为学前教育依法办园、规范管理提供法制保障。[①]

职业教育和高等教育的协同发展是我国宏观人力资源管理生产中的突出问题。2017 年发布的《中国人才发展报告（No.4）》（人才蓝皮书）显示，我国面临高达上千万人的高级技工缺口。在我国，整个产业工人队伍的高级技工占比仅为 5%。企业对于技术工人求贤若渴，结构性用工荒越发突出。[②] 2015 年 6 月，在全国人大常委会召开的针对职业教育法实施情况的专题询问会议上，时任教育部部长袁贵仁在回答某些本科高校转型的提问时，指出这涉及职业院校和普通院校协调发展问题，目前高等教育招生数远远超过高职院校招生人数，是其两倍有余，也就是说普通教育过大而职业教育过小的不合理结构，是导致高校毕业生就业难和企业用工难并存的一个具体原因，也是高校毕业生就业结构性矛盾的症结所在。[③] 职业院校、技能人才社会认同度低和职业院校学生就业、晋升等方面的不合理规定则是产生上述结果的重要原因。目前无论是人才的

---

① 刘旭，教育部启动学前教育立法调研［N］. 北京青年报，2017－12－01. http://news.163.com/17/1201/01/D4HJ65NS000187VI.html

② 张棉棉. 中国高级技工缺口达千万，http://news.eastday.com/eastday/13news/auto/news/china/20170319/u7ai6609788.html

③ 刘奕湛，吴晶. 让职业教育更好更快发展——全国人大常委会就职业教育法实施情况开展专题询问，http://news.xinhuanet.com/politics/2015－06/30/c_127969183.htm

评价制度、选人用人制度，还是职务晋升、职称评定、工资待遇、落户政策等，都是和学历挂钩，没有形成一整套促进职业院校毕业生的就业政策。政府部门除了制定严厉的反就业歧视法律和严格执法外，还需要进一步完善收入分配政策，提高技能人才特别是一线技术工人的收入水平，使广大拥有一技之长的蓝领工人逐渐能够成为我国中产阶层的主体。同时，提高国务院特殊津贴中高技能人才所占比重，实施一系列激励高技能人才成长的政策，为其在求职、加薪、培训、升职等方面创造与工程技术人员相当的条件，改革当前的身份管理和学历管理，营造公平公正公开的用人环境。抓住“八个转变”系统构建应用型人才培养体系。“八个转变”包括办学定位向“应用型”转变；专业结构向“需求导向”转变；培养方案由“知识输入导向”向“知识输出导向”转变；课程体系由“学术逻辑体系”向“技术逻辑体系”转变；教学过程“以教为中心”向“以学为中心”转变；师资队伍向“双能型”转变；育人机制向“产学研合作”和“国际合作”两个开放系统转变；质量评价向学生满意和社会满意“两个满意度”转变。[①]

加强大学生的创业教育。在加强大学生创业教育的过程中，一定要明确开展创业教育的目的是在学生心间种下一颗种子：就是通过创业教育，让学生认识到创新创业的价值和意义，激发创业的兴趣和动力，同时掌握一定的创业技能，树立创业的自信心，形成科学、理性的创业观，待条件成熟时再生根发芽。同济大学将创业教育列为必修课，努力帮助尽可能多的创业梦想生根发芽，却不刻意

---

① 张文兵．“八个转变”提升应用型人才培养质量，http://edu.people.com.cn/n/2015/1127/c1053—27865572.html

追求创业率、创办企业数、企业产值等指标。他们的态度很是明确：不催生创业，不止于创业。[①] 随着近年来国家创新驱动发展战略的实施和“放管服”改革的深入推进，“大众创业、万众创新”对于市场活力和创新动力的激发作用越来越明显。大量新型市场主体不断涌现，创造了许多新的产业形态、新的业态模式、新的就业形式和新的工作岗位。2016 年全国新登记市场主体比上年增长 11.6%，达到了 1 651 万户，其中新登记企业同比增长了 24.5%，达到了 553 万户，以有统计根据的新设企业吸纳就业的平均水平计算，有千万以上的人力资源在这些新登记企业中就业。国家统计局“三新”（新产业、新业态、新商业模式）专项统计调查结果表明，在 2016 年全部新增的就业中，由“三新”提供的岗位达到 70%左右，[②] 大众创业、万众创新蓬勃发展，就业创造效应持续显现。

我国目前还面临不同阶段的教育投资效率问题。20 世纪 80 年代初，教育理论学者根据国际经验提出财政性教育经费占 GDP 4%的目标，直到 2012 年才变成现实，财政性教育经费占 GDP 的比例达到了 4.28%。此后，我国正式进入“后 4%时代”，教育财政应该如何调整，如何通过保障重点提高教育经费的使用效率，成为摆在政策决策者和理论研究者面前的重要课题。姚继军、马林琳的研究结果表明：相对于国际平均水平，我国当前财政性教育投入水平仍然较低，为促进教育更好发展，应将财政性教育经费投入占 GDP 的比例提高到 4.5%以上。在财政性教育投入结构方面，高中阶段的教育应是今后一段时间内经费投入的重点。“后 4%时代”应当继

① 余英. 静水深流方能致远［N］. 中国劳动保障报，2015－05－14.

② 梁达. 新经济新业态有效打开就业新空间［N］. 上海证券报，2017－06－02. http://opinion.jrj.com.cn/2017/06/02014922563060.shtml

续提高财政保障教育改革与发展的力度，转变教育财政保障的思路，建立适合我国国情的教育财政充足标准，进一步推进公共教育财政制度改革。[①] 胡鞍钢认为，为进一步缩小与美国差距，我国需要重点发展研究生教育和高等教育以及高中教育，争取到2020年，接近美国水平，教育现代化基本实现，争取到2030年，实现更高水平教育现代化，主要教育发展指标与美国持平甚至实现超越。[②]

（三）培训开发

培训开发是人力资源社会生产的重要环节，也是提升人力资本的重要手段。当人力资源离开学校准备工作时，他们并没有对进入劳动市场做好充分准备，而且他们要通过正式和非正式培训项目来适应工作。随着劳动者工作时间的增加，经验积累越加丰富，在职培训使得收入随之大幅增长。[③]

政府培训、企业培训和专业机构培训是以培训组织主体划分的在职培训的主要类型，无论哪类培训主体组织的培训项目，都对提高人力资源社会生产质量大有裨益。农村劳动力转移培训一直是我国政府高度重视的一项工作，国务院办公厅2003年下发的《2003—2010年全国农民工培训规划》，2004年中共中央国务院出台的《关于促进农民增加收入若干政策的意见》，以及中央人才工作会议、中央农村工作会议都对培训工作做出了明确要求和具体部署。为推进农村劳动力转移培训工作的开展，贯彻落实中央的要求和部署，农业部、财政部、原劳动和社会保障部、教育部、科技部、建设部

---

① 姚继军，马林琳．“后4%时代”财政性教育投入总量与结构分析［J］．教育发展研究，2016（5）：17—21，78．

② 胡鞍钢．中国现代化：人力资源与教育［J］．教育发展研究，2015（1）：9—14．

③ 加里·贝克尔．人力资本［M］．北京：机械工业出版社，2016．

等部门从2004年开始，组织实施了著名的“阳光工程”，也就是农村劳动力转移培训工程。2004—2005年，“阳光工程”探索培训工作机制，重点支持了在贫困地区、劳动力主要输出地区、粮食主产区和革命老区的短期职业技能培训，共培训了农村劳动力500万人，奠定了后来大规模开展培训的基础。2006—2010年，“阳光工程”在全国开展大规模的农村人力资源职业技能培训，健全完善了农村劳动力转移培训的体制机制，加大培训开发力度，共培训了农村劳动力3 000万人。2010年以后，我国把农村人力资源培训纳入国民教育体系，按照中央对城乡经济与社会协调发展的要求，着力提升培训层次，扩大培训规模，缩小了农村劳动力科技文化素质与现代化发展需求之间的差距。国务院办公厅2011年下发的《关于进一步做好农民工培训工作的指导意见》提出了新时期农民工培训工作的目标，包括建立统一的农民工培训项目，完善资金统筹管理体制，培养合格的技能型劳动者，努力使培训总量、结构适应农村劳动力转移就业和经济社会发展的需求。2017年农业部办公厅发布《关于做好2017年新型职业农民培育工作的通知》，就进一步提高新型职业农民培育工作的针对性、规范性、有效性，进一步提高新型职业农民的发展能力和培育工作基础保障能力的内容和要求进行了部署。我国政府部门根据社会发展需求，不断调整培训计划和培训内容，有效满足社会发展需求。通过政府层面的培训，我国农民工培训工作取得显著成效，政策措施逐步完善，培训力度和规模不断加大，农民工的职业技能水平提高程度非常明显。

政府除了直接组织培训外，还出台了鼓励用人单位和中介机构开展培训的政策优惠和政策补贴。我国《企业所得税法实施条例》

中规定：准予扣除企业发生的不超过工资薪金总额2.5%的职工教育经费支出，准予在以后纳税年度结转扣除超过部分。2015年6月发布的《财政部、国家税务总局关于高新技术企业职工教育经费税前扣除政策的通知》中明确，在计算企业所得税应纳税所得额时，准予扣除高新技术企业发生的不超过工资薪金总额8%的职工教育经费支出，超过部分准予在以后纳税年度结转扣除超过部分。各级政府部门还对职业技能培训进行补贴。南京市加大补贴资金整合力度，逐步提高职业技能培训支出在就业补助资金中的比重。此外，在严格执行现行就业技能培训、创业培训以及企业在职职工培训补贴政策的基础上，南京市将结合实际及时调整完善补贴政策，满足城乡劳动者技能提升需要，每年政府补贴性职业培训10万人次。[①]

技术变化将对宏观人力资源的社会生产带来颠覆性影响。随着大数据、云计算、共享经济、移动互联网以及产业互联网的发展，智能互联时代企业对人力资源提出了新的需求，对人力资源的单一要求，变成了复合型要求。而这种需求也加速了人力资源的社会生产变化。华为创始人任正非从更高维度表达了自己的担心："未来社会是一个智能社会，不是以一般劳动力为中心的社会，没有文化不能驾驭。若这个时期同时发生资本大规模雇用'智能机器人'，两极分化会更严重。这时，有可能西方制造业重回低成本，产业将转移回西方，我们将空心化。即使我们实现生产、服务过程智能化，需要的也是高级技师、专家、现代农民……，因此，我们要争

---

① 臧首成. 南京将加大资金补贴 推动职业技能培训，http://news.sina.com.cn/c/2017-08-07/doc-ifyitayr9446427.shtml

夺这个机会，就要大规模地培养人。”[①]

宏观人力资源生产过程不同于微观人力资源生产，它具有循环性、重复性。每年都有符合教育培训要求的潜在人力资源个体出现，用人单位和潜在人力资源个体都存在生产需求时，潜在人力资源个体会进入各类学校、培训机构、用人单位接受教育和培训，人力资源生产主体与人力资源生产个体、人力资源生产的实施者建立起新的委托关系，进入新一轮的人力资源社会生产过程。对于人力资源个体来讲，只有人力资源自然生产是一次性的，而人力资源社会生产往往是多次性。特别是在当前的知识经济社会，人力资源个体需要不断接受各种正式或非正式的教育培训学习，否则，将难以适应迅速变化的社会发展。

① 人工智能可能会让一半人失业. 创业家，2016－08－13. http://pit.ifeng.com/a/20160813/49771250_0.shtml

第六章

宏观人力资源配置

人力资源在国民经济各区域、各行业、各部门的配置对于国家、区域经济增长和经济社会持续健康发展具有重要意义。西方发达国家非常重视从宏观层面进行人力资源配置，发达国家不但有完善的基础教育体系、职业教育体系、高等教育体系、培训开发体系、流动政策体系和激励体系，还有从全球范围吸引优秀人力资源的优惠政策体系。党的十九大报告明确提出“着力加快建设实体经济、科技创新、现代金融、人力资源协同发展的产业体系，着力构建市场机制有效、微观主体有活力、宏观调控有度的经济体制，不断增强我国经济创新力和竞争力。”这是党在新形势下对宏观人力资源配置的地位和作用的重新定位，这是适应新时代中国特色社会主义思想发展的内在要求。

宏观人力资源配置离不开微观层面人力资源。宏观人力资源配置行为必须得到微观人力资源配置手段的支持和配合，宏观人力资源配置政策才能作用到微观层面，才能真正产生实质性影响。对于一个微观管理机制尚不完善的用人单位，宏观人力资源配置的效果是非常有限的，仅仅调整宏观人力资源配置政策而不显著地改善微观人力资源管理机制，是不可能实质性地提高社会运行效率和资源配置效率的。反之，如果只有科学的微观人力资源管理机制，而缺乏有效的宏观人力资源配置机制和政策，微观层面的用人单位将付出额外的经济成本、时间成本和精力成本进行人力资源的有效配置，甚至可能无法进行有效的人员配置。由此可见，宏观与微观人力资源配置需要密切结合。就像美国经济学家曼昆所说，微观经济学和宏观经济学是密切相关的。由于整体经济的变动产生于千百万个人的决策，所以，不考虑相关的微观经济决策，理解宏观经济的发展是不可能的。[①]

第一节　宏观人力资源配置概念

如何提高人力资源配置效率以促进经济发展和国民财富的持续增长是宏观人力资源管理的关键问题。所谓宏观人力资源配置，指的是政府和社会按照一定的方式或机制把有限的人力资源分配到不同的地区、部门、行业，使它们在生产过程中得到充分利用，达到最大限度地促进社会财富增长目的的过程。

宏观人力资源配置的内容主要由以下几个方面构成：一是未就业状态人力资源转向就业状态，即人力资源总量的利用和劳动参与率的提升；二是人力资源在具有不同生产率水平的部门之间的配置，比如，人力资源在不同产业或各行业之间的配置，人力资源在不同所有制部门之间的配置；三是人力资源在具有不同资源禀赋的地域间的配置，包括城乡之间、省际之间或同一省份不同地区之间的配置。

人力资源配置问题是个比例问题，由于专业化分工的发展，在

① ［美］曼昆．经济学原理（中译本）［M］．梁小民，译．北京：北京大学出版社，1999：27.

社会化大生产中，各产业、各部门之间对人力资源的数量需求和结构需求存在着一定的客观比例。人力资源在不同行业、产业和部门之间的比例关系会随着科学技术发展和经济发展阶段的变化而变化。

人力资源配置问题是个效率问题。宏观人力资源配置效率首先是经济效率，即人力资源在不同产业、不同区域之间，或者从无就业状态到就业状态之间变动后导致的经济增长率的变化。在一个完全竞争的人力资源市场里，只要产业之间、区域之间、经济组织之间的边际劳动产出存在差距，人力资源就会从边际产出低的部门、区域与组织转移到边际产出高的部门、区域与组织，从而带来更多的产出，产生正向的配置效率。边际劳动产出的差距越大，劳动力流动自由度越高，劳动力配置效率就越大；反之，劳动力配置效率越小。

人力资源配置问题还是个效益问题。人力资源在不同行业、产业和部门配置变化，会带来各产业、行业和部门的人力资源效率变化，进而影响所在行业、产业和部分效益的变化。当人力资源配置能为国家、地区、行业、产业或部门带来效益增加时，将提升流入人力资源的物质回报和精神回报，进一步激发人力资源的工作积极性和潜力，形成一种良性的正激励模式。人力资源与生产资料的配置效益提升将促进产业结构发展的合理性和平衡性，科学配置人力资源可以提高劳动生产率，人力资源从相对过剩的产业配置到供给不足的产业，将会极大提高产业发展速度和人力资源生产率。

随着经济全球化、全球信息化的迅猛发展，我国需要树立从全球层面进行人力资源配置的理念。确立从全球视野进行人力资源开发利用的定位，为国际人力资源的培养和引进，实施更开放、更积极、更有效的政策。对国际人力资源在我国的工作、生活和流动给予更多的优惠和方便，简化“绿卡”办理手续，制定包括出入境、住房、医疗、子女入学等方面的配套措施，大力吸引高水平国际人力资源在我国创新创业。探索并逐步完善外国人在我国的永久居留制度，适当放宽对技术技能型人力资源的永久居留资格，借鉴发达国家经验，探索技术移民的条件和政策体系。在国家级科研项目中允许并鼓励外国专家申报和参与，实施最严格的知识产权保护制度，保护创造发明的合法权益。结合国家“一带一路”倡议，积极培育国际人力资源服务机构，发展国际人力资源市场。

2016 年，在 G20（二十国集团）峰会上，我国签署了《二十国集团数字经济发展与合作倡议》，我国的正式文件第一次使用了“数字经济”的概念。2017 年《政府工作报告》又提出：“推动互联网＋深入发展、促进数字经济加快成长，让企业广泛受益、群众普遍受惠。”从数字经济视角，深入研究移动互联网、物联网、大数据、云计算、以高铁为代表的基础设施建设对我国宏观人力资源配置的革命性影响，研究新型数字技术背景下我国宏观人力资源发展的趋势性特征、发展机理、动力机制和政策优化需求，系统认知这些变化对我国宏观人力资源配置带来的挑战和影响，有助于推动我国经济社会转型升级，有助于供给侧结构改革目标的实现。因此，研究宏观人力资源配置具有重大的战略意义和现实发展意义。

第二节　宏观人力资源配置的原则

一、完全（或充分）就业原则

社会发展速度与人力资源配置效率高低密切相关。就业率或失业率是人力资源配置效率高低的主要表现指标，就业率高意味着人力资源配置效率高，失业率高意味着人力资源配置效率低，完全就业或充分就业是宏观经济运行的主要目标之一。所谓完全就业，是指在某一特定工资水平下，愿意就业而且能够就业（指具有所需就业能力）的人力资源，都能获得相应的就业机会和就业岗位。完全就业时，也会存在摩擦性失业和结构性失业的情况，但是失业的间隔期很短。理论界通常把失业率与自然失业率相等时的就业水平看作是完全就业，是人力资源配置效率最优的状态。

由于人力资源具有能够善加利用其他资源的特殊属性，当人力资源处于完全就业状态时，其他资源的利用效率也是最大的，此时国民经济的实际产出也将达到最大，处于接近或等于潜在产出的水平，达到生产可能性曲线最大边界的位置，经济发展处于增长周期的繁荣阶段。对于这种最优状态的期盼和追求，使实现完全就业成为政府面临的一项重大挑战，政府必须尽全力来争取实现完全就业，并使之成为宏观人力资源配置的第一项原则。

就业不仅是经济问题，同时也是社会问题；它不仅是经济的“晴雨表”，更是社会的“稳定器”。我国政府一直坚持就业优先战略，党的十八大报告提出“推动实现更高质量的就业”。党的十九大报告强调“就业是最大的民生。要坚持就业优先战略和积极就业政策，实现更高质量和更充分就业。大规模开展职业技能培训，注重解决结构性就业矛盾，鼓励创业带动就业。提供全方位公共就业服务，促进高校毕业生等青年群体、农民工多渠道就业创业。”近年来，我国经济平稳增长，就业也保持总体稳定。国家统计局数据显示，2012—2016 年，我国的 GDP 增速分别为 7.9％、7.8％、

7.3%、6.9%、6.7%，同期31个大城市城镇调查失业率总体维持在5.1%水平；城镇连续4年保持新增就业1 300万人以上，城镇登记失业率保持在4.0%～4.1%之间。[①]

李克强总理在2016年就业座谈会上指出，当前和今后一个时期，我国的就业形势仍然严峻，结构性矛盾会更加凸显。[②] 我国劳动年龄人口虽然有所减少，但依然拥有很大总量，还是世界首位，就业总量压力将长期存在。由于我国目前经济发展的时期非常关键，爬坡过坎和增速换挡同时存在，再加上结构调整与动能转换，这些影响都会反映到就业上来，给我国发展带来了新的挑战。当前世界经济增长乏力，许多国际组织都对国际经济形势判断不乐观，而我国国内经济发展也面临严重的下行压力，就业机会的创造越加困难，但每年仍有数量巨大且不断增长的劳动力需要就业，因此宏观就业工作的难度不断增加，需认真面对。2017年，我国有历史最高的765万高校毕业生和500多万中职毕业生需要就业，而且还必须保证安置大量军队退役人员，给新增农民工提供大量的就业岗位，因此保持新增就业基本稳定是非常重要和艰巨的任务。目前我国就业形势总体稳定，但却不可低估潜在的风险，比如目前民间投资尤其是服务业投资增长放缓，对创造就业岗位的影响就需引起足够重视。我国必须坚持就业优先，继续大力实施积极的就业政策，进一步完善宏观调控，以解决就业问题为导向，保持经济持续健康发展，全力谋求民生福祉。

清华大学讲席教授文一把改革开放以后的中国崛起称为“伟大

① 梁达. 新经济新业态有效打开就业新空间 [NB/OL]. 上海证券报，2017－06－02. http://opinion.jrj.com.cn/2017/06/02014922563060.shtml

② 李克强在就业工作座谈会上的讲话 [J]. 求是，2016－05－06.

的中国工业革命”，因为我国终于在洋务运动后，经过一百多年黑暗中的艰苦求索，开启了一场自下而上的、可持续的工业化过程。这个过程不仅是总投资的巨大增长，也同时是总消费和广大老百姓生活水平的巨大增长，因此不能仅仅以工业产值在GDP中的占比或GDP的总量和增长速度来衡量，还必须以产业结构是否健康和具备承先启后的能力来衡量。我国工业技术的创新正处在迸发阶段，除英国以外的所有老牌资本主义国家都是进入重工业革命阶段后才开始进入技术创新高峰的。一旦这个重工业革命阶段能够完成，我国就具备了全面进入福利社会的经济基础。因此，我国现在要完成工业化，需要更进一步的开拓全球市场。而且因为我国经济体量大，需要“一带一路”这样的全球大倡议才能够创造和开辟足够大的世界市场，也才能通过带动其他国家发展而为自己创造购买力和商机。[①]

从我国改革开放以来的工业革命的经验来看，工业革命必须是在一个统一的民族国家框架下，由政府主导，是一个自下而上的产业升级过程。这个过程既能充分运用国家财政力量，又能利用市场力量吸收广大的农村剩余劳动力，才能获得巨量的经济增长和持续不断的爆发力。我国的全面工业化为广大的农村人力资源提供了大量的就业机会，极大地提高人力资源的配置效率。邓小平同志提出“发展才是硬道理”，其实是进一步提高宏观人力资源的配置效能，即“发展”是解决所有问题的关键。

二、可持续性原则

宏观人力资源配置需要与经济社会发展相适应，与国家战略与

① 文一. 伟大的中国工业革命［M］. 北京：清华大学出版社，2016.

发展政策导向相一致，与可持续发展的总体思路相协调。宏观人力资源配置是一个循环往复的过程，宏观人力资源配置的效果“只有更好，没有最好”。宏观人力资源配置要求人力资源整体能力不断加强，充分挖掘和利用人力资源的潜能。通过宏观人力资源可持续性配置，不断提高一个国家或地区人力资源的素质和能力，增加人力资本积累，不断提高人力资源与物质资源的配置效率，最大程度发挥人力资源的整体潜能。可持续性配置原则不仅仅要求持续提升人力资源配置效率，而且要求人力资源的适度数量配合经济发展水平的提升，以及生活上的适度消费，使资源环境得到持续合理地使用，还要求改变“忽视生态环境”式的经济增长方式为创新型经济增长方式。可持续性原则还包括对人力资源结构进行战略性调整，发挥高端人力资源的引领作用，使人力资源结构不断优化，促进经济发展方式加快转变。

可持续发展原则要求注重人力资源与经济发展的互动。我国宏观人力资源的可持续配置原则需要深入考察经济发展对宏观人力资源管理带来的影响，面对生育率下降、出生性别比失衡等人力资源自然生产问题，需要综合施策加以缓解。统筹城乡区域协调发展，使宏观人力资源结构改善有效对接经济布局调整，充分激励人力资源的能动作用，为产业发展、技术进步、就业增长和扩大内需提供有效的人力资本支撑。我国属于“未富先老”的国家，人口老龄化面临严峻形势，需要更加积极地应对老龄化现象，尽快落实延迟退休政策，防范和转化人口老龄化的不利影响，以利于经济增长。

三、统筹发展原则

社会主义制度在发展方面的最大优越性体现在可以对经济社会

发展进行统筹管理。习近平总书记指出，统筹兼顾是中国共产党的一个科学方法论，它的哲学内涵就是马克思主义辩证法。[①]

第一，宏观人力资源配置只有符合统筹发展原则，才能为我国社会经济发展提供有效的人力资源支撑。宏观人力资源配置首先要考虑区域发展统筹。我国人力资源区域间分布不均衡，东部沿海地区经济发展速度较快，再加上优越的区位优势和公共服务优势，对人力资源吸引力比较大，是人力资源密集的区域；中西部地区经济发展水平相对落后，区位劣势明显，整体的人文素质和公共管理能力相对较低，导致大量的人力资源流出，进一步加剧了东部、中部和西部区域间经济发展的差距。中央政府要统筹人力资源的区域分布差距，需要创新人力资源配置体制机制，为中西部地区吸引人力资源，留住人力资源，在更大、更广阔的人力资源市场上吸引人力资源提供政策保障和平台支持。

第二，要考虑人力资源配置的城乡统筹。2016 年我国城市化水平达到 57.35%，城镇常住人口为 79 298 万人，相比 2015 年年末增加了 2 182 万人，而乡村常住人口为 58 973 万人，减少了 1 373 万人。从就业情况看，2016 年末全国就业人员总数为 77 603 万人，其中城镇就业人员为 41 428 万人。[②] 农村人力资源向城镇流动，不但提高了他们的职业技能水平，而且人均收入不断保持增长，国家和地区经济发展水平也稳步提升，宏观人力资源的配置实现了个人价值与社会整体效益的统一，相得益彰。中央政府在进行人力资源

① 习近平与“十三五”五大发展理念：统筹规划协调发展，http://news.china.com/domestic/945/20151102/20671268_all.html

② 国家统计局. 2016 年中国城镇化率达到 57.35%，http://www.ciudsrc.com/new_chengshihualv/gedi/2017－01－23/110677.html

配置时，需要考虑城乡统筹发展，通过体制机制创新和优惠政策为农业现代化配置需要的人力资源，确保农牧业现代化和城镇化、信息化、新型工业化和绿色化同步发展。随着我国城市化发展水平提高和户籍制度改革力度加大，宏观人力资源配置需要打破城乡二元结构，加强城乡联动，建设城乡一体化的人力资源市场和配置方式。既要考虑城乡统筹经济发展所需要的人力资源，也要考虑我国城市化发展阶段的人口变化背景，还要考虑推进区域经济协调发展所需要的人力资源整体配置效能提升，同时，还要兼顾发展农业农村现代化需要的人力资源数量、结构和素质要求。

第三，中央政府需要加大对人力资源流动导向的优惠政策，积极引导人力资源向农村基层和艰苦边远地区流动，对工作在这些地区的人力资源落实一系列的倾斜政策，大力改善其工作和生活条件，规划有吸引力的职业生涯前景。尤其要鼓励和引导高校毕业生到这些地区历练，既增长自身才干，又了解基层真实状况，夯实爱国热情，为日后为国家做出更大贡献打下坚实基础。

第四，统筹发展原则要特别关注如何协调人力资源配置与社会发展的关系，要通过政府的导向性政策加大人力资源在不同区域和不同行业的统筹配置。首要的是，如何不断促进和完善国家基本公共服务体系，推动对常住人口基本公共服务的均等化全覆盖，推进农业转移人口有序市民化。宏观人力资源配置还要综合考虑重点人群的发展短板问题，注重保障妇女儿童和残疾人的合法权益，实施对贫困人口的精准扶贫，构建多层次养老服务体系，促进社会公平正义。要尊重人力资源配置中个人和家庭的主体地位，以权利义务对等为基础，发挥政府、市场、社会和企业多元共治在宏观人力资源配置工作中的主导作用。

第五，如何保持人力资源与物质资源、环境资源互相协调、促进也是统筹发展原则需要考虑的问题。各级政府要实施有差异的人力资源政策，以不同主体功能区的发展定位要求为依据，采取多种措施引导人力资源向重点开发区域集聚，支持人口从限制开发区域的自愿迁出，严格控制超大、特大城市的人口规模。加大环境与资源的综合整治与保护力度，努力实现自然资源的循环优化开发利用，提高环境和自然资源的人口承载能力，逐步推动形成人们绿色发展和生活的意识和方式。

四、整体协同发展原则

2016 年 1 月，习近平总书记在省部级主要领导干部学习贯彻党的十八届五中全会精神专题研讨班上的讲话中指出："唯物辩证法认为，事物是普遍联系的，事物及事物各要素之间相互影响、相互制约，整个世界是相互联系的整体，也是相互作用的系统。它要求我们必须从客观事物的内在联系去把握事物，去认识问题，去处理问题。城乡联系、区域联系、经济与社会的联系、人与自然的联系、国内发展与对外开放的联系，都是客观存在的。如果我们违背联系的普遍性和客观性，不注意协调好它们之间的关系，就会顾此失彼，导致发展失衡。"

宏观人力资源系统是一个包括众多要素的复杂结构，各个要素和各个层次之间要整体协同才能有序运行，以适应多种成分和多层次的经济结构发展需要。宏观人力资源配置具有明确的目的性，人力资源配置的最低目标是充分就业，最高目标是将合适的人力资源配置到最需要他的地区、产业和单位中去，配置到效益较好的环节中去，确保人力资源整体效能最大化。在宏观人力资源配置过程中需要充分考虑各地区、各行业的人力资源使用效能，及时了解各地区、各行业人力资源供给和需求的数量、素质、结构和人均生产率，动态把握人力资源供给和需求之间的匹配状态。要结合国家宏观发展战略和地区发展规划以及各地、各行业发展阶段，确保当前和未来、物质文化和精神文化、经济与社会、政府与市场、城市和农村、国内和国外、人类与自然等重大领域的协同发展，才能全面建成小康社会。

我国经济已进入新常态，产业转型与就业提升必须进行整体协同发展。以国家实施“中国制造2025”“一带一路”“互联网+”行动计划为重大战略契机，在发展战略性新兴产业、先进制造业、高技术产业过程的同时，不断激发就业潜力、拓宽就业空间。对于供给侧结构性改革过程中，由于化解过剩产能而出现的剩余人力资源失业问题，要扎实做好安置工作，积极引导地方政府和企业多渠道分流、分类施策、做到稳妥有序地安置剩余人力资源。各级政府要出台各种优惠政策，对于有技术、有能力员工的自主创业行为，进行支持和鼓励，实现以创业带动就业。针对有些困难人员确实难以在人力资源市场上就业的，政府可以开发公益性岗位的方式采取安置型就业。结合国家“一带一路”倡议和企业的实际情况，推动企业加快“走出去”步伐，健全和完善对外劳务服务保障体系和合作风险保障机制，拓展境外就业渠道和就业机会。

五、市场化原则

党的十九大报告重申了十八届三中全会提出的“充分发挥市场在资源配置中的决定性作用”的论断。人力资源作为最具能动性的资源，更需要充分发挥市场在人力资源配置中的决定性作用。所谓人力资源配置的市场化原则，是指以市场为基础性调节机制的人力资源配置方式。人力资源市场的供求关系以及服务水平决定了人力资源的流向。尤其是当前，我国处于“刘易斯拐点”的关键时期，“民工潮”已被“民工荒”取而代之，一些地区已经出现了人力资源的结构性短缺。各地政府部门必须进一步加强人力资源市场建设，加大公共服务，加快基本公共服务均等化和全覆盖的进程，以此来提高当地对优秀和紧缺人力资源的凝聚力，使工业化、城镇化对人力资源数量、结构和质量的需求得到满足。

充分发挥市场在人力资源配置中的决定性作用需要具备前提条件——自由流动。所谓人力资源自由流动，是指人力资源可以按自愿原则进行无障碍流动。社会主义市场经济的发展要求人力资源必须可以进行自由流动，这是与社会文明进步相适应的人力资源现象和特征。虽然经过几十年的改革，我国社会主义市场经济体制不断发展，市场在人力资源配置中的作用不断提升，但仍然存在诸多现实问题，比如，人力资源跨区域自由流动障碍等。由于我国地区间的经济发展阶段和人力资源政策差异，导致我国人力资源的地区分布严重失衡，北京、上海等特大城市和一些大城市吸引了巨量的人力资源，特殊的福利体系阻碍了人力资源在各地区间的自由流动。许多人力资源为获得这些地区的特殊福利，宁愿放弃在其他地区更好的创业创新平台和发展机会。从国家层面来说，地区间的福利差距严重阻碍了人力资源的配置效率。此外，人力资源在不同所有制组织间的自由流动也有障碍。虽然我国近年来加大了对机关事业单位的改革力度，2014 年国务院发布了《关于机关事业单位工作人员养老保险制度改革的决定》，进一步缩小了政府机关、事业单位、国有企业和民营企业之间的养老待遇差距，但是，不同所有制之间仍然存在着政策壁垒和制度壁垒，体制内与体制外的人力资源待遇和管理模式还存在着较大差异，不同所有制单位之间人力资源管理的互联互通机制还没有建立，就业、养老、医疗、户籍、住房、子女教育等各种福利政策的差别影响着人力资源的无障碍流动。人力资源自由流动障碍反映了我国还没有完全形成符合社会主义市场经济发展规律的人力资源供需机制、价格制定机制、良性竞争机制和保障激励机制。

市场化原则的充分应用催生了我国新经济的产生和出现。互联网与传统行业的深入结合，形成了各种新型的发展模式，以网络经济、共享经济为特点的许多新业态迅猛发展，成为经济和产业转型升级的重要推力，人们的生产和生活方式也因之发生重大改变。

如果人力资源配置过程中市场不能发挥决定性作用，我国社会主义市场经济体制的不断完善就难以实现，经济发展方式转变和结构优化的进程也会受阻，难以有效进行。人力资源的自然流动其实是区域发展不平衡的一种结果，而我国目前的人力资源集聚仍然落后于经济集聚。因此，需要在宏观人力资源配置过程中，从广度和深度上继续推进市场化改革，使政府对人力资源的直接配置逐渐减少，取消对人力资源配置活动的直接干预，加快构建城乡一体化的人力资源市场体系，建立统一开放、公平透明、竞争有序的人力资源配置规则。凡是市场机制可以有效调节的配置活动都交给市场，让市场在各地区、各行业的人力资源配置中充分发挥作用，运用市场机制，尽可能实现人尽其才、才尽其用，人事相宜、各得其所，推动人力资源配置实现效益最大化和效率最大化。

第三节　宏观人力资源配置的机制

宏观人力资源配置机制是指宏观人力资源体系各构成要素之间相互联系和作用的关系及其功能，是政府利用价值规律对人力资源市场构成要素，如：人力资源、用人单位、工资、人力资源交换场所、人力资源供求关系等发挥调节作用的内在功能和外部表现。这在一定程度上表现了人们对宏观人力资源管理运动的认识由现象描述到机理探求的发展过程。在不同发展阶段，宏观人力资源配置机制会有较大的差异。在计划经济时代，人力资源配置主要是通过计划机制实现的；在市场经济时代，人力资源配置主要是通过市场机制实现；在转型时代，计划机制和市场机制共同发挥作用。宏观人力资源配置的最终目的是实现充分就业效益最大化，形成良性人力资源就业结构，保障经济社会发展的需要。实现有效的人力资源配置对经济发展、就业、产业结构调整和区域发展都有重要意义。

一、政府调控机制

政府调控是指政府通过计划手段、法律手段、财政手段、金融手段等方法与手段，明确宏观人力资源配置战略，制定宏观人力资源配置规划，采取宏观人力资源配置行动，优化人力资源配置的社会环境，有目的地引导人力资源与生产资料结合的行为。

政府调控机制与我国经济社会发展阶段密切相关。中华人民共和国成立后，由于长年战争带来的破坏，我国城镇劳动力就业面临严峻形势。城镇就业人员只有 1 533 万人，城镇失业者达到 474.2

万人，失业率高达 23.6%。[①] 严峻的就业形势已经影响到了社会的稳定，为了扭转这种不利局面，解决城镇失业问题，政府对企业的用工进行了干预，制定了一系列促进就业的政策。当时安排就业的方式有效解决了城镇失业问题，稳定了国内政治经济形势。到 1952 年，我国城镇就业人员增加到 2 486 万人，城镇失业人员减少到 376.6 万人，城镇失业率下降到 13.2%。到“一五”结束的 1957 年，全国从业人员达到 23 771 万人，比 1949 年增加了 5 689 万人，增长 31.5%；比 1952 年增加了 3 042 万人，增长 14.7%。城镇就业增长更快，1957 年年末，城镇从业人员达到 3 205 万人，比 1949 年增长一倍以上，城镇失业率也进一步下降到 6%以下。[②] 至“一五”结束后，人力资源“统包统配”的政府调控机制逐渐正式形成。

党的十一届三中全会以后，在积极推进经济体制改革的同时，也开始了对传统就业体制的改革和新的就业体制的创新。1980 年 8 月，党中央在北京召开了全国劳动工作会议，提出解决就业问题的“三结合”就业方针：在全国统筹规划和指导下，实行劳动部门介绍就业、自愿组织起来就业和自谋职业相结合的方针。1981 年 10 月，中央又出台了《关于广开门路、搞活经济、解决城镇就业问题的若干规定》，进一步明确了多渠道解决就业问题的政策。“三结合”的就业方针，实质上就是党的十一届三中全会提出的多种经济形式并存的经济政策在就业工作上的具体体现。这一就业方针的提

① 周英峰，刘铮．我国初步形成多方式就业格局，http://news.xinhuanet.com/politics/2009－09/14/content_12050860.htm

② 国家统计局．新中国 50 年系列分析报告之十八：就业规模不断扩大 结构逐步优化，http://www.stats.gov.cn/ztjc/ztfx/xzg50nxlfxbg/200206/t20020605_35976.html

出，是我国就业理论和就业政策的重大突破，标志着我国开始了对就业管理体制的改革。

改革开放以前的计划经济时期，我国人力资源配置基本依靠行政安排，人力资源被人为分割成不同的群体，从而形成了收入分配制度、就业制度与福利制度的不平等。我国在 20 世纪 50 年代建立了严格的户籍制度。户籍制度就像一道高墙，人为地将人口分为农村人口与城镇人口，劳动力也相应分为农村劳动力与城镇劳动力，城镇劳动力还形成了内部的地域分割，劳动力流动受到了非常严格的限制。20 世纪 80 年代以后，人力资源配置由计划向市场转轨，各种分割城乡劳动力市场的制度都得到了不同程度的改革，由此释放出大量农村劳动力，带来的人口红利使我国经济得以快速发展。很多学者把转轨时期农村劳动力向城市的流动与迁移称为劳动力资源的再分配。我国存在体制内劳动力市场与体制外劳动力市场两种劳动力配置模式。体制内的劳动力由国家机关事业单位和国有企事业单位构成，劳动力需求与劳动力价格由一系列行政管理制度控制；体制外的劳动力市场主要以乡镇企业和私营企业为需求主体，配置模式基本市场化，这两种劳动力市场目前在我国依然存在。

政府调控机制的主体是政府，在促进人力资源优化配置时，政府还要兼顾公平和社会稳定的原则。政府它能够对人力资源的配置做出及时地调整；并且能够在短时间内集中大量人力进行重点项目和工程的建设等。政府调控机制满足了当时经济发展形式的需要，具有以下几个特点：所有新增人力资源的就业由国家统一包下来，所有新增城镇人力资源的工作由国家统一调配，城镇新增人力资源不需要自谋职业，由各级劳动部门按照各部门各地区的发展需要对劳动力实行统一调配；低工资、高福利的工资制度，工资具有明显的平均主义倾向；人力资源配置的城乡分割，政府负责城镇人力资源的配置和使用，农村集体经济组织人力资源被束缚在土地上，不能自由流动，劳动由生产队统一安排，劳动报酬通过工分的形式发放，城镇缺乏人力资源时，可以从农村进行招工，农村考上大学的学生就从农村户籍转变为了城镇户籍，农村集体组织具有城镇人力资源蓄水池的作用；人力资源缺乏流动的自由；人力资源不具有商品属性，劳动者不拥有自己的劳动力，实际的支配权在政府，劳动力的就业取决于政府的安排；人力资源在国民经济各部门的分配由计划部门统一安排，企业和个人都没有权利进行配置；工资对人力资源的供求不起作用。

瑞士洛桑管理学院发表的《2017 年度世界竞争力报告》显示，我国在全球最具竞争力的经济体排名中，从 2016 年的第 25 位跃升至 2017 年的第 18 位，在人均 GDP 不足 2 万美元的经济体中，我国竞争力排名最高。我国在“经济表现”中的排名高居全球第二位，其中“就业”和“内部经济”两项分指数的排名位居全球首位，为我国整体排名大幅上升做出了突出贡献。[①] 我国就业成绩的取得与我国政府的就业调控机制密不可分。就业优先战略，倡导“大众创业、万众创新”，技能人才培养战略、经济转型升级是我国就业取得好成绩的四大主要因素。

对待政府调控机制，不能一概否定，不能“一棍子打死”，要客观分析其优点和缺点，既要考虑到政府调控机制产生的历史局限

---

① 2017 年度世界竞争力报告：中国全球竞争力大幅提升［EB/OL］. 中国经济网，2017－06－05，http://finance.qq.com/a/20170605/032196.htm

性，也要考虑其在新形势下的生命力和适应范围。即使在社会主义市场经济条件下，政府调控机制仍然可以有效弥补市场机制的盲目性、无序性和逐利性的缺陷。

二、市场机制

市场机制是宏观人力资源配置通过人力资源市场运行的实现机制，是通过人力资源市场价格的波动、人力资源市场主体对利益的追求、人力资源供求的变化，调节宏观人力资源体系正常运行的机制。市场机制是价值规律在人力资源配置过程中发挥调节作用的内在功能和外在表现，具有自我启动、自我调节、自我约束、自我结合和自我实现五大功能。市场配置机制主要通过价格机制、竞争机制、激励机制等市场机制的内在功能，根据人们追求利益最大化的原则，自动地完成人力资源在地区、产业、部门等中的优化配置。市场机制完全遵循市场的运行规律，是一种有效的资源配置形式。

在人力资源市场对人力资源供需双方的协调和平衡作用下，将人力资源安排到效益较好的环节中去，这个过程就是人力资源配置过程。宏观人力资源配置涉及时间、空间以及技术性和制度性配置问题，即将合适的人在合适的时间安排到合适的位置上去。宏观人力资源配置的市场机制是一个有机的整体，它的构成要素主要有人力资源价格机制、人力资源供求机制、市场竞争机制和风险机制等。人力资源价格机制是指在竞争过程中，人力资源市场上某种人力资源的市场价格的变动与市场上该类人力资源供求关系变动之间的有机联系。人力资源供求关系通过人力资源市场的实时价格信息来反映，人力资源的生产和流动也根据这种市场价格信息来调节，借此来实现人力资源的优化配置。人力资源价格机制还可以促进企业之间的竞争和人力资源激励，影响和调节人力资源的收入分配等。人力资源供求机制是指通过人力资源的供给和需求的矛盾运动来影响人力资源与其他生产要素组合的一种机制。它通过供给与需求之间在不平衡状态时形成的各种人力资源的市场价格，并通过人力资源价格、人力资源供给量和需求量等市场信号来调节人力资源的生产和需求，最终实现人力资源供求之间的基本平衡。人力资源供求机制在竞争性人力资源市场和垄断性人力资源市场中发挥作用的方式有较大差异。人力资源市场竞争机制是指各个市场主体（用人单位、人力资源个体）之间为着自身的利益而相互展开竞争，由此形成的人力资源市场内部的必然的联系和影响。人力资源市场配置的风险机制是人力资源市场中的配置活动同由于人力资源配置不当或失败而导致的企业盈利、亏损、破产之间相互联系和作用的机制。在人力资源产权清晰的条件下，风险机制对宏观人力资源市场的有效运转发挥着至关重要的作用。

市场机制虽然有诸多优点，但也明显存在着不足，如由于信息不对称造成的反应滞后性；人力资源布局的两极分化性；人力资源流动的盲目性。市场机制在高校人力资源配置中一直发挥着重要作用。最早的是 20 世纪八九十年代开始的“孔雀东南飞”，中西部高校的有实力教师被吸引到东部发达地区。此后，这种流动一直存在，东部发达地区高校院所借助自己的地理、经济及其他优势，不断“挖人”。一些原本整体实力雄厚的高校，被抢得“伤筋动骨”。随着高校“双一流”建设的启动，这类问题再次突出。推动力不仅在高校，也在地方政府，很多省市列出了重点扶持一批高校争创一流大学、一流学科的名单，配套大量扶持资金。高校为了确保能当

“一流”，到处“挖人”。[①] 这种貌似市场行为的人力资源流动会给我国中西部的高等教育带来非常严重的后果，造成高等教育生态恶化的严重后果，一些高校的学科人才甚至因此而出现断档的情况，科研带头人的离开使得有些科研项目处于停滞状态。当市场机制的弊端充分显现的时候，政府调控机制就需要适时发挥作用。2017 年 1 月份，教育部印发《关于坚持正确导向促进高校高层次人才合理有序流动的通知》，明确提出“不鼓励东部高校从中西部、东北地区高校引进人才”“高校之间不得片面依赖高薪酬、高待遇竞价抢挖人才”。[②]

在我国社会主义市场经济条件下，宏观人力资源配置应该综合运用两种机制，缺一不可。也只有形成有效配合的配置机制，才能对我国的宏观人力资源总量进行科学、有效、合理的配置，以达到人力资源配置的“帕累托”最优状态，促进经济与社会的协调可持续发展。

三、政府与市场的关系

宏观人力资源存在两种配置主体：一是政府，二是市场，两者是既相互联系，又相互区别的矛盾统一体。政府在宏观人力资源配置中主要是通过计划、金融、法律、行政等手段，对人力资源总量进行宏观的调节和控制，使之与国家的总体战略目标相适应。其主要作用表现在四个方面：一是制定人力资源的中长期发展规划；制定并实施有关战略措施；二是搞好人力资源的开发；三是提供良好的制度环境，使人力资源得以有效利用；四是培育和发展市场

① 争创双一流东部高校猛挖人 中西部被抢得伤筋动骨 http://www.guancha.cn/Education/2016_12_15_384524_s.shtml

② 李一陵. 东部高校向中西部“抢人”须手下留情［N］. 中国青年报，2017－03－01.

机制，使人力资源的管理和开发能够保证运行在良性发展的轨道上。

劳动力市场主要是通过工资机制、竞争机制和激励机制等市场机制，自动调节劳动力的供需关系，完成人力资源的优化配置。其主要作用表现在三个方面：一是对人力资本投资与开发的调节，即通过成本收益机制自动引导人力资本投资的流向，使之与社会的需求相适应。二是对人力资源配置的调节，即通过要素价格的调节作用，将已经形成的人力资本配置到社会需要的地方去。三是对人力资本利用的调节，这主要是通过市场环境形成的激励机制，刺激人力资本潜能最大程度的释放。

无论是政府调控机制，还是市场机制，宏观人力资源配置的目的都是一致的：发挥宏观人力资源的整体效率。根据经济学理论，国家设置人力资源在不同区域之间流动配置的体制性障碍，对人力资源的优化配置和价值实现非常不利，如果没有这些障碍，每个个体都可以知悉其在市场上的价格信息，可以理性判断其在某地的成本和收益，借此做出是否流动的决策。这就是人力资源配置中市场决定性作用的微观体现。经济学常识告诉我们“市场失灵”是客观存在的，宏观人力资源配置的市场配置机制也同样存在“市场失灵”现象。宏观人力资源配置的负外部性会带来交通拥挤、环境污染和人力资源配置畸形等社会问题。当市场出现负外部性时，需要“更好地发挥政府的作用”，政府需要采取正确（或者叫合适）的调控方式，即采取一些政策来扩大宏观人力资源市场配置的正外部性，同时采取一些政策来减少宏观人力资源市场配置的负外部性，从而实现政府和市场的良性互动。每个个体都有充分的自由、充足的信息和高度理性选择适合自己的工作地点和工作岗位，这就决定了一个国家的宏观人力资源配置效率，也就自然形成健康的城市生态体系。一个国家在统一的市场下，在生产要素根据效率原则可以自由流动的情况下，一定是经济活动和人口在空间上的高度集聚，这是现代经济的一个共同特征。而在空间高度集聚的情况下，导致被政府和社会各界所认为的结果，就是经济发展似乎是“不平衡”的。这种貌似“不平衡”的经济资源分布格局恰恰是宏观人力资源整体配置效率较高的一种表现：实现了人均 GDP 和人均收入意义上的“平衡”。

所谓自由市场并非真正不受任何约束的“自由”市场，它本质上是由一个强大的政府提供的成本高昂的公共品，所以它既不天然存在，也不会自动运作，更加不是免费的。我国改革开放所取得的巨大成就，正是由政府的有意行为所引发的持续不断的市场创造活动。同时，政府与市场的关系并不是一成不变的，在不同的阶段、不同的技术背景下，政府与市场对宏观人力资源配置的影响是不同的。阿里巴巴董事局主席马云在 2016 年 11 月 19 日“2016 世界浙商上海论坛”演讲时提到：“马克思主义讲到的市场经济和计划经济到底哪个好？我认为这个观念我们过去的一百多年来一直觉得市场经济非常之好，我个人看法未来三十年会发生很大的变化，计划经济将会越来越大。为什么？因为数据的获取，国家市场这只无形的手有可能被我们发现”。[①] 马云当然不是主张要恢复过去的计划经济模式，事实上，恢复到过去的计划经济模式也没有可能性和必要

① 马云谈中国足球困境：不振与文化有关，http://finance.sina.com.cn/meeting/2016－11－19/doc－ifxxwrwk1493465.shtml

性，因为过去的计划经济模式，是属于短缺经济时代或者工业化过程的。而现在我国处于买方市场，处于互联网时代，需要新的计划经济模式。大数据处理技术的成熟，让不具备技术条件的计划经济，在技术上具有了可能性和可行性。在市场自发作用已经暴露出很大局限性的情况下，在大数据与云计算已经让计划经济具备技术条件的情况下，研究建立有计划的市场经济，或者基于市场的计划经济，正逢其时。在互联网和数字经济条件下探索计划经济，才具有根本性的创新价值。①

宏观人力资源配置过程中要处理好政府与市场关系，必须结合实际、因地制宜、有所区别：人力资源市场发育相对成熟、经济比较发达的地区，必须更注重完善市场机制，确保人力资源市场有效、安全运行，必须更加注重政府监管机制，要设计相当复杂精致的方法，防止欺诈等不诚信行为。如果缺乏强有力的市场监管，追求个人利益的基本动机会摧毁人力资源市场已经建立的制衡结构。人力资源市场发育不够完善、经济欠发达的地区，要更有力地发挥政府推动作用；从一个国家或地区整体来看，要强化政府统筹，促进区域协调发展。

第四节　宏观人力资源的产业配置

人力资源在不同产业的分布是宏观人力资源配置的重要内容。产业结构的变化必然带来人力资源在产业间的流动和重新分布，不同产业之间的产业政策、人员要求、工资待遇等因素都对人力资源

① 尹国明. 大变革信号：中国经济积极巨变的前夜，http://www.sohu.com/a/167265946_99902218

在产业间的配置产生影响。

所谓产业结构，也就是国民经济的部门结构，是以一般分工和特殊分工为基础的，各产业部门之间以及各产业部门内部的构成。费希尔1935年在《安全与进步的冲突》一书中，首先提出来“三次产业”，成为世界上通用的产业结构分类。所谓三次产业，是指以社会生产活动的历史发展和对劳动对象进行加工的次序对国民经济部门进行划分的结果。第一产业是产品直接取自自然界的部门，第二产业是对初级产品进行再加工的部门，第三产业是服务生产和消费的部门，但实践中各国的划分不尽一致。产业结构的形成及发展是一定社会历史阶段经济水平的标志。产业结构发展趋势与经济发展阶段密切相关。从三次产业产值比重的变化趋势来看，在工业化发展阶段，工业是经济发展的重要部门。而在后工业化阶段，服务业和高新技术产业等则成为经济发展的主导产业。体力劳动和物质资源消耗在社会再生产过程中不断减少、脑力劳动和知识的消耗不断增长的过程，就是产业结构软化的过程。

人力资源就业结构是指国民经济各部门所占用的人力资源数量、比例及其相互关系，或指在总就业人口中不同类型就业人口之间的比例关系，它是人力资源配置状况和变化特征的反映。人力资源就业结构的指标分为两类：第一类是数量指标，比如人力资源在不同产业、部门、企业的分布；第二类是素质指标，比如人力资源的文化程度结构、职称结构、技能结构等。

产业结构对人力资源就业结构具有引导和牵动作用。随着一个国家或地区经济发展，人民收入不断增加，社会对商品和劳务的需求结构会随之发生变化，进而导致社会的产出结构调整。产出结构调整必然带来生产要素在各产业间的重新配置。人力资源作为生产要素中最活跃的要素，必然成为投入要素中最先流动和重新配置的要素，即产业结构调整引起了人力资源就业结构的调整。根据“配第-克拉克定理”（第一产业国民收入和从业者的比重会随着经济发展而逐渐下降，第二产业的相对比重会上升，随着经济进一步发展，第三次产业的相对比重也开始上升）和发达国家经济发展经验，产业结构的合理化和高级化过程是一个不断促进人力资源合理配置的过程。

人力资源就业结构对产业结构具有推动作用。人力资源就业结构主要通过需求结构和劳动生产率的变化影响产业结构调整。就业结构变化必然引起人力资源收入结构的变化，从而导致原来的商品和服务需求结构发生变化，然后引起社会消费结构和消费总量的改变，最终导致社会产品结构、产业结构发生变化。由于科学技术发展，劳动生产率不断提高，从而引起生产要素相对价格的变化，劳动力价格提高，资本价格下降，企业逐利的本性必然带来生产要素配置比例的调整，引起整个社会就业结构的变化，人力资源在行业、部门和地区间的分布会重新调整。劳动生产率的产业产值增加，产业结构发生变化。总之，国内外研究表明，产业结构与就业结构之间具有明显的互动关系，产业结构调整与人力资源配置之间存在复杂的关联效应，两者的良性互动是社会经济健康发展的根本路径。

党的十八大以来，我国政府不断加大经济结构调整和转型升级力度，新的经济形态不断涌现并越来越活跃，新业态和新产品层出不穷，新商业模式快速迭代，对人力资源的需求产生巨大变化，也对宏观人力资源配置提出新的要求。移动互联网、App、移动支付等新技术的出现和逐步成熟，给共享经济迅速发展创造了条件，涌现出共享单车、共享汽车、共享医疗等新经济形态，不仅创造了大量就业机会，而且带来了人力资源产业配置方式的变化。

首先是就业形式多元化。包括工作岗位、工作内容、工作形式在内的就业要素越来越灵活多样，新职业不断涌现，而且不仅集中在简单、低端的用工领域，工作层次已经涵盖了高、中、低端。其次是全职就业兼职化。我国目前有许多全职就业出现了兼职化倾向，利用空闲时间兼职成为许多有正式工作的人群的选择，比如有些公司职员从单位下班后去开滴滴专车。这样的情况使工作和职业的边界越来越模糊，甚至主业和兼职可能会出现错乱和颠倒。比如一个高校教师开设网店，他在网店上支出了很多精力和很长时间，而为学校付出的时间却越来越少，那么他的主业究竟是高校教师还是网店店主，也就难以分辨了。再次是零工就业全时化。借助移动互联网平台，即使没有全职工作的人也可以做到一天 8 小时甚至更长时间的工作，这使得个人的工作逐渐脱离了雇佣关系。最后是组织方式平台化。人力资源通过分享经济越来越多的发展平台，实现了灵活就业方式全新的改变。①

当前，我国经济发展的内在条件和外部环境都已发生深刻变化。我国经济的转型升级更加需要技术创新和创新驱动。创新驱动包括但不限于产业创新和产品创新，新业态、新模式、新经济的出现将更加普遍且重要，这将倒逼传统的生产、消费、交换模式的变革和创新，以适应新业态、新模式、新经济的发展需求。宏观人力

① 梁达. 新经济新业态有效打开就业新空间 [NB/OL]. 上海证券报，2017－06－02，http://opinion.jrj.com.cn/2017/06/02014922563060.shtml

资源的产业配置路径和配置效率将发生根本性变化，将极大释放民间的创新创业潜力和就业空间。

第五节　宏观人力资源的城乡配置

国外对人力资源的城乡配置研究大多是从人口的流动迁移角度来进行的。工业革命以来的大规模人力资源迁移，主要是从农村向城市迁移，其实质是对人力资源重新进行城乡配置。西方的学者曾对此进行过深入的研究，比较经典的理论包括：雷文斯坦（Ravenstein）的人口迁移理论，李（Lee）、埃弗雷特（Everett）的迁移理论，康纳德·博格（Conrad Berg）的“推—拉理论”，扎林斯基（Zalinski）的“人口移动转变理论”，刘易斯（Lewis）二元结构理论，费景汉—拉尼斯（Fei and Ranis）二元经济结构转变的三阶段理论，托达罗（Todaro）的人口迁移模型，舒尔茨（Schultz）的人力资本“投资—收益”理论，奥迪·斯塔克（Oded Stark）和爱德华·泰勒（Edward Taylor）的新经济移民理论。理想的人力资源城乡配置理论上应该是人力资源在城市和农村间的双向自由流动。但是，由于我国户籍制度和我国发展实际情况，我国人力资源的城乡配置仍然没有达到理想状态，即人力资源在城市和农村间的双向自由流动仍然存在诸多障碍。

党的十八大以来，我国一直在推进农业转移人口市民化，即提升户籍人口城镇化率，但是农村人口落户城市的动力并不强。调查发现，户籍人口城镇化率之所以提升缓慢，是因为存在一定程度的“逆城镇化”现象。比如，有许多农村学生考入大学时不再迁户口了，有些具备城市落户条件的农村户籍劳动力，虽然常年生活在城市，但却选择把户籍留在农村。究其原因，不外乎利益使然。一方面，农村户籍附着的利益有其独特价值，包括农村土地的集体所有制，农民对宅基地和农田的承包权等，而且随着近年来政策的一再倾斜，农村户口的养老和医疗状况也越来越得以改善；另一方面，城市户籍所附着的利益，包括教育、医疗、住房等方面的资源，农村户籍人口只要从事与城市居民同等的工作，其大部分服务也都可享受到，所以城市户籍的吸引力大不如前。为了解决当前的农村人口到城镇落户问题，2016 年 11 月，中央印发了《关于完善农村土地所有权　承包权经营权分置办法的意见》（简称《意见》），《意见》提出“农村土地所有权、承包权、经营权，三权分置”。土地集体所有权的长期坚持，农户承包权的长期稳定，土地经营权的放活，为土地经营权的有序流转、农业适度规模经营的发展、现代农业的发展奠定了制度基础。“三权分置”的目标之一，就是土地经营权的加快放活，土地资源的进一步优化配置，这些目标的实现必须依赖于“农地农民有，农地农业用”的制度安排。“三权分置”是我国农村改革中继家庭联产承包责任制后又一重大制度创新，为农民增收提供了制度保障，[①] 成为推动我国人力资源城乡重新配置的重要力量。

在城市化进程早期，农村人力资源主要向小城镇迁移，中小城市曾经成为我国农村人力资源的主要迁入地。城乡人力资源配置的过程就是农村人力资源重新分化与转移过程，在这一过程中，农村人力资源不断减少，同时不断地向城市集中。我国农村人力资源向

① 这项改革关乎 2.3 亿户民众的增收！权威解读来了，http://news.sohu.com/20161103/n472212060.shtml

城镇迁移是伴随农村工业化和农村剩余劳动力转移，由农业主体结构向非农业主体结构转变的经济与社会发展过程中实现的。我国农村人力资源向城镇迁移是农村工业化发展的必然结果，农村工业促进产业结构的变革，从而带动了农村人力资源向城镇转移。非农第二、第三产业部门的发展创造出大量的就业岗位和就业机会是农村人力资源向城镇迁移的关键。我国农村人力资源向城镇迁移过程中，积累了丰富的经验和实践，具有鲜明的特点，同时也出现了一些值得研究和思考的问题。

经过几十年发发展，我国城市化和市民化已经建立了较为成熟且有效的政策体系。我国市民化逐渐向纵深发展，农民工可享受城市基本公共服务的门槛不断降低，农民工就地市民化更易实现并逐渐增加；农民工市民化需要的财政支持基本可以得到保障。但是，我国经济已经进入新常态，经济新常态对我国市民化带来了新的挑战。我国市民化的主体是有市民化意愿、有能力在城镇稳定就业和生活的农民工及其家庭，即需要该群体具备与经济发展要求一致的人力资本水平、稳定的就业与日益增加的收入。但在新常态下，农民工的人力资本水平离新常态的要求还有一定距离，农民工就业压力增大，收入增长速度放缓，这些因素将对农民工市民化的进程、稳定性以及质量提升带来影响。农民工市民化进程存在放缓倾向、农民工市民化稳定性存在减弱倾向、农民工市民化质量提升难度存在增加倾向。[①]

经济发展对人力资源城乡配置具有明显的推动作用，具体表现

① 张笑秋. 新常态下农民工市民化的挑战及其应对［J］. 湖南科技大学学报（社会科学版）2016（3）.

在不同经济部门对人力资源城乡配置的不同促进作用上。反过来，人力资源城乡配置也促进了不同部门效率的提高，从而最终促进全社会经济的发展。经济发展为人力资源城乡配置提供了条件和机会：农业发展为农村人力资源向城镇迁移打下了基础，工业发展成为农村人力资源向城镇迁移的第一推动力。

美国经济学家克拉克和钱纳里（Clark and Chenery）所揭示的产业结构变动趋势中隐含着人力资源城乡配置的动因思想。三次产业结构由低级向高级的演进过程，就是人力资源城乡配置协调程度不断提高的过程。从克拉克的劳动力产业转移思想中可以看出，产业结构升级体现为农业向非农业的转变，劳动力产业转移体现为人力资源城乡配置，结果表现为农村人力资源规模的缩小和城市人力资源规模的扩大。配第—克拉克（Petty—Clark）定理就是随着人均实际收入的提高，人力资源在三次产业中的分布存在着依次此消彼长的演进规律，即人力资源将首先从第一产业流向第二产业，然后再从第二产业流向第三产业。

美国经济学家钱纳里和塞尔奎因（Chenery and Syr Quin）在他们合写的著作中，根据第二次世界大战后20年间100个经济增长程度不同国家的统计资料，分析了它们在人均GDP增长不同阶段产业结构、就业结构和城乡人力资源结构的一般变化趋势。具体如表6—1所示。

表6—1　　钱纳里—赛尔奎因结构变动模式

人均GDP（1980年美元）（美元/年）	产业结构			就业结构		
	Ⅰ	Ⅱ	Ⅲ	Ⅰ	Ⅱ	Ⅲ
100	48.0	21.0	31.0	81.0	7.0	12.0
300	39.4	28.2	32.4	74.9	9.2	15.9

续表

人均 GDP（1980 年美元）（美元/年）	产业结构			就业结构		
	Ⅰ	Ⅱ	Ⅲ	Ⅰ	Ⅱ	Ⅲ
500	31.7	33.4	34.6	65.1	13.2	21.7
1 000	22.8	39.2	37.8	51.7	19.2	29.1
2 000	15.4	43.4	41.2	38.1	25.6	36.3
4 000	9.7	45.6	44.7	24.2	32.6	43.2

资料来源：Syrquin. M. and H. B. Chenery. Three Decades of Industrialization. The World Bank Economic Reviews，1989（3）：152-153.

同全球其他国家和地区的发展趋势一样，我国人力资源城乡配置的基本动因之一也是产业的空间集聚，也就是工业化过程。产业结构调整和演进会改变城镇的形态和规模，进而影响人力资源城镇化的发展进程。人力资源城镇化发展的本身，就是变落后的乡村社会和自然经济为先进的城市社会和商品经济的历史进程，所以农业发展是城镇化的初始动力，而在产业革命之后，工业化则成为农村人力资源向城镇迁移的根本动因。

在工业化过程中，由于资金、人力、资源和技术等生产要素在有限空间上的高度集中和组合，从而促进了城市规模的不断扩张和城市数量的急剧增加。我国“一五”时期和改革开放以后的人力资源城乡配置快速变化过程，也证明了工业化对人力资源城乡配置的巨大推动力量。随着工业化步入现代阶段，第三产业开始崛起，并一跃成为城市产业的主角，成为大城市可持续发展的后续动力。我国城市经济成分多元化，各发展阶段的特征均有表现，发达地区的城市工业化后期（现代化）特征已十分明显，而在广大欠发达地区仍存在工业化初期的特征。

科学技术是第一生产力。科技进步会有力地促进经济增长，加速产业结构的转换和产业集聚，作用于人力资源城乡配置进程，可以说技术进步是人力资源城乡配置的原动力。先进的农业技术推动人力资源向城镇转移；蒸汽机的发明，导致了产业革命的产生和城镇化的飞速发展；而以汽车为代表的便捷的运输技术则对“城市郊区化”和“城市密集带”出现，起着推波助澜的作用；发达的通信技术，计算机的应用则强化了城镇的服务功能，加快了城镇化的步伐。这一切都说明科技进步对人力资源城乡配置具有深厚的影响力和推动力。

人力资源城乡配置与城镇发展之间是一种相辅相成、相互影响的关系。农村人力资源迁移流动会影响到城镇化的发展。这种影响主要包括两个方面：一方面，农村人力资源的迁移流动，有利于提高城镇化水平，扩大内需；另一方面，农村人力资源的迁移流动又会对城镇化的发展产生负面影响。过量的农村人力资源涌入城市，在短期内会加重城市交通运输的压力，给城市发展带来严重的负担和管理难度，严重威胁城市社会的正常运转。如果这些问题在短期内不能得到很好的协调和解决，那么城镇化的进一步发展将会受到很大制约，甚至造成全社会的混乱。

城市化和市民化的发展将主导人力资源城乡配置。一方面，城镇化进程本身是一个人力资源向城镇集聚的过程。无论是城镇建设规模的扩大，还是城镇人力资源数量的增加，都必不可少地需要借助庞大的农村人力资源，特别是大量农村剩余劳动力的流入。另一方面，城镇化的发展也会带动相关产业，特别是第二、第三产业的迅猛发展。而这些产业的发展又需要农村人力资源的及时补充。

进入 21 世纪后，我国城市发展的内在动力和外部条件发生了显著改变，出现重要转折性变化。我国城市发展面临一系列挑战：人口分布不合理，大城市人口“超载”与中小城市人口“空心化”同时并存；人口老龄化程度日益加深；人口流动仍然面临体制机制障碍；外来人口与城市居民之间的新二元社会结构；公共资源非均等化配置、城市治理效能低下导致了城市不同主体发展权利的非均等化；人口与资源环境承载能力始终处于紧平衡状态。国务院发布的《国家人口发展规划（2016—2030 年）》明确提出“完善以城市群为主体形态的人口空间布局，促进人口分布与国家区域发展战略相适应，引导人口有序流动和合理分布，实现人口与资源环境永续共生”。并对京津冀、长三角、珠三角、长江中游等 19 个城市群的定位及发展提出了明确要求。推动城市群人口集聚是解决我国城市问题和经济社会发展问题的重要路径。城市群人力资源集中是我国宏观人力资源配置的自然结果。我国经历了城镇化、城市化和城市群的城市进化历程，也是我国宏观人力资源不断优化配置的过程，我国城市化率的提升是由于我国人力资源宏观配置与产业、区域宏观协调的结果。要进一步提高宏观人力资源配置效率，需要充分发挥市场自由配置和高度化差异配置的协同效能，并追求高价值配置。

第七章

宏观人力资源使用

宏观人力资源管理的中心环节是人力资源使用，人力资源只有进入使用过程进行生产劳动，才能体现巨大的价值创造力，否则，不仅不能创造价值，还必须不停消耗其他资源以维持生存。从人力资源时效性来说，人力资源的能力无法永久保存，要用当其时，如果不能恰当投入使用，随着人体的衰弱、知识的老化，人力资源的能力和价值也会随之衰退，甚至完全失去。同时，根据用进废退原理，人力资源在与自然资源、资金等其他生产要素的相互作用中，不但不会被消耗掉，反而会得到更大的增值，创造出新的价值。通过人力资源在工作岗位上的使用，可以帮助其获得具体的历练，这是最主要和最有效的手段，能够促进人力资源能力提升和潜能勃发。人力资源使用过程是人力资源的潜在能力向现实能力转化的过程，只有用好人力资源，对其进行的培养和开发工作才能真正发挥作用，杜绝冗余和浪费；只有用好人力资源，才能留住引进的人力资源，才能产生辐射效应，使更多的优秀人力资源主动汇聚。先进的人力资源使用理念和科学的使用方式，是人力资源能力提高和发展的重要条件。因此，必须破除束缚人力资源使用在观念和管理体制方面的障碍，使人力资源的创造活力最大限度地激发出来，才能使人力资源的作用得到充分发挥，全社会的创新智慧因此而竞相迸发。

第一节　宏观人力资源使用的特点

宏观人力资源在使用方面具有如下特点。

一、不确定性

人力资源载体的意愿和组织环境对于人力资源的使用发挥至关重要，所以不同环境下，同样的人力资源会有不同的表现。一方面，人力资源与其载体的不可分离性，使个人对人力资源的开发利用享有实际意义上的终极控制权，即人力资源的实际使用效率和投入程度取决于个体的主观意愿和满意度；另一方面，组织是人力资源能力发挥的具体场所，人力资源的使用发挥受组织环境的变化影响极大，人力资源的价值实现，在不同的组织、薪酬、技术和文化条件下，差别很大。

在绩效考评方面，确定人力资源的绩效也是比较困难的。首先，组织绩效是由人力资源和物质资源、无形资源共同创造的，组织对人力资源的贡献难以准确界定。虽然目前主流理论和实证研究都认可人力资源绩效对组织绩效的重要性，但面对宏观经济运行和微观组织管理日益增加的高度复杂性，这些结论的普适性还需进一步验证。其次，因为缺乏明确的价格信号显示机制和客观的计量标准，市场难以根据人力资源的产出，给人力资源合理定价，所以针对专利成果、非程序化决策、客户关系等人力资源产出的间接定价理论受到人们的重视。最后，在相互依赖和合作密切的团队组织中，最终成果与每一个人的贡献都密不可分，是所有人力资源协作的结果，组织无法精确确定每一个人的贡献，由此，“偷懒”和“搭便车”现象也可能会出现。

二、增值性

一定程度上，人们对人力资源强增值性的认识，是人力资源理论的兴起根源。“人力资本理论之父”舒尔茨长期研究美国农业经济问题，在对美国20世纪初到50年代，农业生产产量和劳动率提高的主要原因的研究中，他发现人的知识能力和技术水平不断提高的贡献越来越多，而传统的土地、劳动力和物质资本的增加，贡献越来越小。可以从投资和产出两个不同角度来认识人力资源使用的强增值性。从投资的角度看，相对于物质资本而言，对人力资源进行的投资具有更高的回报率；从产出的角度看，人力资源的使用由于存在知识集聚效应，边际收益递增的特性明显。人力资源的存量是由知识、技能等组成的，人力资源蕴含的生产能力随着知识存量的积累，显露出扩张的趋势和质的飞跃。人力资源的增值性使一个比较优越的生产函数得以成为现实，这种优越生产函数的实质是生产要素和生产条件新的组合方式，表现在实际的生产过程中有两种情况：一是各种生产要素的使用效率由于人力资源素质的改善而得以极大的提高；二是在开发新产品、拓展新市场、提高组织效率方面，人力资源可以做出更多无法取代的特殊贡献。

三、专用性

所谓人力资源的专用性特征，是指人力资源所拥有的某些专业知识和技能，或者某些特定信息，其价值只有在特定的组织或行业中才能显现出来，才能发挥作用。对于行业来说，在选择某种行业的同时，人力资源就已经对该行业产生了一定的依赖性，如果他转而从事其他行业，其转型成本是十分高昂的，以至于高到他不可能再从事其他行业。对组织来说，适合自己专长的组织，人力资源一旦进入，就会对该组织产生长远的效用预期。由于人力资源使用的专用性特征，人力资源个体通常具有承担组织风险的自觉性、主动性和退出组织的惰性。一般来说，专用性越强的人力资源，越是高级、专业和关键，薪酬也就越高，同时其工作选择范围也越狭窄。由此，专用性还会使人力资源不愿离开组织，造成“非流动性”，产生“套住”效应，因为离开组织，会给专用性强的人力资源带来很大损失，其中薪酬的损失并不是最严重的，其社会资本的损失和寻找新就业机会的支出才是最重要的。

四、创造性

人力资源使用的创造性是指人力资源的产出而言，人力资源运用其资源存量能够生产出来具有创造性的产品，也就是说其生产出来的产品具有创新性和开拓性。此处是从一种相对广义的概念来研究创造性和创新性，既包括物质的，也包括精神的创新创造；既包括超越前人成就，也包括超越同时代人的成就。人力资源具有一定专门的知识和技能，善于学习和积累，能进行创造性劳动的特点，决定了他们能够不断突破前人的经验和成果，不断创新、不断突破。简言之，能够实现对世界的认识与改造，能够高效率地实现自身价值，劳动成果具有创造性和创新性，是人力资源使用的最重要的本质特征。

五、外部性

人力资源的强外部性可以从“契约理论”得到一些解释，根据“契约理论”，人力资源价值的大小和实现程度会对其他签约者的价值实现和功能发挥产生很大影响，进而会使组织整体的绩效和价值受影响，这就是人力资源的外部性。相对于人力资源来说，物质资源属于“依赖性要素”，依赖人力资源这种“主导性要素”的价值实现，物质资源价值才能得以实现，组织的目标和价值也才能实现。

第二节　人力资源使用的基本理念：“以用为本”

从人力资源的特性以及宏观人力资源管理的目的看，“以用为本”应该是人力资源使用以至于整个宏观人力资源管理必须遵循的基本理念，以下分别从几个方面对此进行论述。

一、人的全面发展与人力资源使用的“以用为本”

人力资源只有在创造性的劳动和贡献中才能真正得到全面发展，以用为本的宏观人力资源管理可以最大限度激发人力资源的创造力，实现作为目的本身的人的能力发展。宏观人力资源管理必须用好、用活制度环境，使人力资源的创新创造活动，在对经济社会发展的贡献越来越大的同时，给人力资源的创造力提供更多的自由发展空间。宏观人力资源管理以用为本的价值追求，确认经济社会的发展不能以牺牲人的全面发展为代价；相反，必须以后者为条件，也就是说完全充分的经济社会发展离开人力资源的全面和优先发展，是无法实现的。从人的全面发展与社会发展的关系看，“以用为本”是对人与社会基本关系和人力资源使用基本规律的遵循和准确把握。

人作为一种社会存在，人力资源又用自己的智慧才干创造和改变着社会面貌，以用为本的战略目标就是实现人力资源发展和经济社会发展的高度统一。我国要在以科学发展推动创新型国家建设的总体布局下，构建宏观人力资源管理以用为本的制度体系，实现社会整体与人力资源个体在根本利益高度一致基础上的和谐发展。学理意义上，人的全面发展包含对人的社会人文价值和经济工具价值这两个基本取向的认知统一，两者相辅相成、不可分割。相应的，人力资源主体追求与人力资源效能实现也是对立统一的范畴，因为探索愿景价值的本体特征和实现绩效贡献等产出效能是人力资源概念本身就包含的含义，而这两个方面必须通过人力资源使用的过程才能使之打通和联结。

二、人力资源强国战略与人力资源使用的“以用为本”

人力资源充分而恰当的使用关系经济发展的前景、社会进步的进度和水平，影响着我国人力资源强国战略能否实现。对人力资源来说，其数量和质量固然重要，但对其进行科学的管理和使用，使其发挥更大的价值才是人力资源整体性开发的关键，是实施人力资源强国战略更加现实和迫切的任务。目前我国在人力资源使用方面面临许多问题，包括人力资源发展政策的焦点不明、定位不清、具体化和科学化程度不高、碎片化和孤立化现象明显、激励功能有限、协同效果弱等。“以用为本”的人力资源理念及其战略实施，不仅仅是观念的革新，更重要的是在此观念的引导下，实现政策调整和制度创新，改善人力资源使用的基础和环境，从而实现人力资源各展所长、各尽其能。为更好实施人力资源强国战略，政府要坚持“以用为本”，从国家全局和战略高度统筹国家整体范围内的人力资源的分布和使用，进行全局性和整体式开发与使用，使人力资源价值提升并充分发挥作用。政府要通过法律政策规定社会各种用人主体对人力资源使用的权利、责任和义务，使人力资源的使用在法律框架下进行，将激发人力资源活力，有效用好人力资源放在突出位置，并以此为基础，推动人力资源培养、配置、激励、保障等机制的创新。

三、宏观人力资源管理与人力资源使用的“以用为本”

坚持“以用为本”必须构建更好的宏观人力资源管理体制，要处理好人力资源队伍建设与人力资源管理体制机制建设的关系，围绕人力资源的“以用为本”，完善人力资源发展体制机制，探索人力资源发展动力的延续体系。人力资源作为内生性资源，其规模的扩大、结构的调整、作用的充分发挥都是宏观人力资源管理的内在追求，其实现的关键在于管理体制的规范与引导。所以，宏观人力资源管理绝不能只停留在存量和增量追求上，而是必须要关注人力资源的充分开发和有效使用，从而满足人力资源发展需求和提升人力资源价值。

目前，我国宏观人力资源管理面临着制度缺位、越位和错位等问题，密集出台而又缺乏内在联系的规章制度并不利于宏观人力资源的发展，需要从顶层设计的高度考虑制度的系统性和完整性。要把“以用为本”作为宏观人力资源管理体制改革和政策创新的基本准则，对不利于人力资源使用的体制、机制、观念和做法进行反思和调整，激发人力资源最大程度的创造活力，充分发挥各类人力资源作用。要提供实现人尽其才的基础性保障，给予充足的资源支持，激活专业效能，让人力资源能够主动进行创新与创造，进而强化开发力度，让人力资源能够持续获得发展与提升。“以用为本”的宏观人力资源管理要优化激励机制，使人力资源实现合理的回报与增值，通过科学合理、高效充分的评价与激励，激发人力资源潜能的显现。特别是对于拥有经过长期大量投资形成的高层次人力资源，激励的效果更加明显。通过强化组织承诺、适当授权可以进一步提升其对于事业和组织的忠诚度，贡献更多的才华。对于限制人力资源效能发挥的身份和单位壁垒，宏观人力资源管理要积极探索新的组织和用人形式，是重点研究创新所有制形式，跨边界、跨系统的人力资源效能促进机制，使人力资源系统实现更高效的有机协同与合作。

四、人力资源效能与人力资源使用的“以用为本”

人力资源效能和人力资源贡献率分别反映了人力资源两个方面的使用效果，其指标数值的判断方向恰好相反。人力资源效能是人力资源使用效果的体现，是从要素投入角度对经济活动中人力资源成本耗费的反映，该指标值越低，就意味着同样的产出所需要投入的人力资源要素越少，同时也说明人力资源在这种生产活动中的使用效率较高、结构较为合理。人力资源贡献率反映的是从要素产出角度的人力资源使用状况，该指标值较高，就意味着人力资源使用效率较高，人力资源贡献在经济产出中份额较多。“以用为本”理念下人力资源使用的制度创新，主要意图就是通过人力资源效能和贡献度的提高，使人力资源在新的机制下不断提升新的价值，从而使人力资源能力、业绩和激励实现耦合提升，这既是在学理上对“以用为本”理念的弘扬和发展，也是选择解决现实问题策略的遵循。进一步说，人力资源使用效能包括人力资源个人效能和社会效能两个方面。人力资源个人效能是指人力资源不断发展个人职业生涯，实现自我价值。社会效能主要指人力资源对国家和社会发展的贡献，体现在人力资源绩效在经济增长中所占份额的提高，以及在经济发展中所起的引领、驱动作用。

第三节　人力资源效能治理体系的理论建构

党的十九大报告明确了全面深化改革总目标是完善和发展中国特色社会主义制度、推进国家治理体系和治理能力现代化。国家治理体系是关于国家发展全局战略中权力运行和社会管理体制的系统设计，科学的人力资源效能治理体系是其中的重要组成部分，探索符合我国发展情境的现代人力资源效能治理体系的内涵、框架和发展路径，是推进国家治理体系和治理能力现代化建设的题中应有之义。如前文所述，人力资源使用的目的是人力资源效能的充分发挥，所以宏观人力资源管理必须把构建科学合理、激励明显的人力资源效能机制作为重要任务，本书将从理论层面探究人力资源效能治理体系的建构和管理问题。

一、人力资源效能治理体系的内涵

协同治理是当前世界范围内解决人力资源问题的主流趋势，因为传统的政府和市场手段会面临政府失灵和市场失灵的困境，抑或政府与市场相结合的做法也会面临人力资源社会主体动力不足、人力资源需求难以得到及时满足、受激励程度低、满意度差的问题。依照政治经济学家奥斯特罗姆的治理学说，只有建立超越政府与市场，多种相关者共同参与的协同治理体系，才能促使我国人力资源开发与管理形成具有国际竞争力的制度优势，最大限度地激发人力资源创新创造创业活力。[①] 所谓协同治理通常被理解为包括政府部门、社会组织和私人在内的各种治理主体共同管理某项公共事务的诸多方式的总和，它不是一种正式的制度，而是一种以协调为基础的持续的互动过程，[②] 更确切地说，是政府与市场、社会基于信息和利益的合作与互动。

根据协同治理理论，本书认为，人力资源效能治理体系就是以协同治理理念为指导，采用多种治理工具，由政府、市场、社会、用人主体、人力资源等多种治理主体共同构建和参与人力资源服务管理的网络化的制度体系。对于这个概念，可以从以下几个方面理解其内涵。

第一，人力资源效能治理体系是宏观人力资源管理政策理念的重大变化。人力资源效能治理体系的构建和发展，前提是政府对社会主义市场经济规律和人力资源使用规律认识的升华，放弃对人力资源管理的唯一且无限的责任担当，承认除政府之外的社会主体参与人力资源服务管理的合法性。人力资源的工作和成长是在微观用人主体管辖下实现的，用人主体是人力资源使用及管理最主要的责任者，市场是人力资源流动配置最主要的机制，政府作为宏观人力资源事务的管理者，不能涵盖人力资源宏观、微观管理的所有事务，理应减少对微观人力资源使用、激励、流动等方面的涉足。人力资源效能治理体系就是要从宏观人力资源管理的客观事实出发，改变传统的宏观、微观人力资源政策全由政府包办和强制推行的做

① Elinor Ostrom. Beyond Markets and States：Polycentric Governance of Complex Economic Systems. The American Economic Review，2010（3）：641－72.

② Commission on Global Governance. Our global neighborhood：the report of the commission on global governance. New York：Oxford University Press，1995：2.

法，合理吸收社会组织、用人主体和人力资源个体参与，提出有效性和针对性强的政策方案。

第二，人力资源效能治理体系是涉及宏观人力资源管理的一系列制度体系的设计。作为一种体系设计，人力资源效能治理体系是有关宏观人力资源发展的一系列关键环节的基本设定，是推动人力资源效能治理体系良性运转的基本保障，关键是统筹各治理主体的有效治理机制的设计和运行，其论证、出台和执行都有其规范的运作方式。人力资源效能治理体系中政府、市场、社会的平衡、互补与协调也需要通过制度来保障。人力资源效能治理体系的运作制度主要依托制度化的沟通和参与平台，这些平台对于促进各治理主体协同合作，稳定其政策预期进而引导其均衡行为策略具有重要作用。

第三，人力资源效能治理体系拥有多元治理主体。其中，政府不再是治理的唯一主体，包括各类企业、非政府组织和人力资源个人在内的各种市场主体，都可以作为合法主体参与人力资源效能治理体系，各治理主体间在合理分工，密切协同的基础上，形成一种良性的“伙伴关系”。科学的人力资源效能治理体系既要强调各主体的协同配合，更需要清晰划分各主体的职能边界。目前我国宏观人力资源管理中各主体的现状是政府职能和权限过大，市场和社会力量相对弱小、发育不成熟、作用发挥不充分，人力资源效能治理体系构建的首要任务就是要理顺三者的关系。

第四，人力资源效能治理体系呈现一种网络治理格局。从运作形式上看，根据协同治理理论，人力资源效能治理体系应该是一种政府与各种社会主体在人力资源公共事务上通过合作与互动形成的网络治理格局的社会控制体系。作为一种网络治理格局，人力资源效能治理体系具有差序化、精准化、专业化等特点，以各种不同渠道和方法有机组合在一起的各类人力资源效能治理主体，其所能够实现的整体价值和功能远超于各主体单独和分散状态时的价值总和，即整体大于部分之和。在这个网络化的架构下，各治理主体遵守共同的价值规范和发展愿景，秉持共有的行为约束和激励保障机制，以人力资源效能实现为核心，通过动态的均衡调试，实现人力资源效能治理资源的优化配置和人力资源效能治理主体的科学发展。

第五，人力资源效能治理体系具有丰富的治理工具。包括以人力资源市场为核心的价格、供求治理工具和机制，以财政投入为核心的资助激励工具与诱因机制，以政府管控为核心的管制工具和权威机制，以社会组织为核心的行业协会工具和协调机制等。这些工具各有其适用领域和对象，应根据需要采取柔性灵活方式进行科学选择。

二、人力资源效能治理体系理论模型

基于对人力资源效能治理体系内涵的理解，本书建构了以政府能力和职能为主导、以人力资源效能充分发挥为核心、以市场机制决定人力资源配置为基础、以社会组织参与为协同，以用人单位拥有用人自主权为保障的人力资源效能治理体系，如图 7—1 所示。

（一）主导：政府能力和职能

政府主导，就是政府站在国家利益的高度，把握社会发展的需求，以经济、行政、法律、科技等手段的综合应用，调节和控制宏观人力资源的总量、结构、素质、流动等重大事项，使宏观人力资

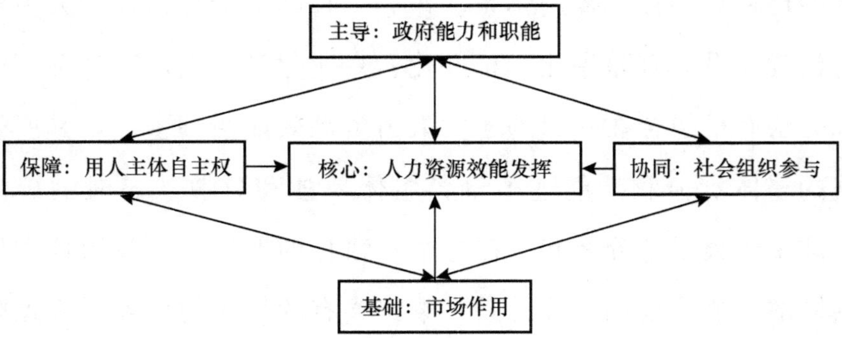

图 7—1　宏观人力资源效能治理体系的理论模型

源发展适应国家发展和社会建设的需要，促进国家总体战略的实现。

改革开放以来，我国社会运行的方式发生了重大变化，“总体性体制”瓦解，经济和社会发展有了各自自主的空间和资源，市场、社会逐渐与政府分离，“部门性分立体制”逐渐形成。部门分立意味着社会主体性的复兴，意味着社会生产力的促进和发展，但却不意味着政府主导作用的弱化，对于市场和社会的协调有序、持续健康发展，政府的主导作用是不可替代的，特别是在面对宏观人力资源管理这样重大社会课题时，国家主导作用就表现得更为明显和重要。从治理能力说，由于政府掌控着社会管理最主要的权力和资源，而且政府的治理能力和组织程度也较为完善，所以在人力资源效能治理体系中政府必然处于主导地位。政府根据经济社会发展总体规划，确定宏观人力资源管理的总体目标和规划，并对宏观人力资源管理工作进行领导、组织、控制和协调。同时，政府要对人力资源效能治理体系的构建和运行提供政策、法制、平台、环境的保障。为了规避政府失灵和市场盲目，调动多方积极性和主动性，政府要积极构建与我国政治体制、经济体制相适应的政府主导、市场运作、社会协同的人力资源效能耦合机制。通过从体制层到组织层的人力资源使用结构的相互融通，使不同利益主体在功能上互补、行动上协调、资源上整合。

（二）核心：人力资源效能发挥

人力资源是国家发展最宝贵的资源，人力资源效能的充分发挥需要一系列制度和机制的保障，目前我国过多的行政干预制约了人力资源效能的充分释放，导致宏观人力资源管理投入很大而效果却不尽如人意。所以，构建人力资源效能治理体系最根本的出发点和归宿就是充分发挥人力资源的效能。因为人力资源自身拥有的特点，人力资源效能治理体系必须最大限度地考虑人力资源的主动性和满意度，采取具备柔性和弹性的措施和策略，把关注点放在对人力资源的引导激励上而不是管制上。

（三）保障：用人主体自主权

2016 年 3 月，中央出台的《关于深化人才发展体制机制改革的意见》在论述推进人才管理体制改革部分时，指出要“保障和落实用人主体自主权”，尤其要“全面落实国有企业、高校、科研院所等企事业单位和社会组织的用人自主权”。人力资源效能治理体系的良好运作也必须以用人主体自主权的落实为保障，因为只有用人主体才是人力资源真正实现价值的场所，用人主体才是对人力资源培养、评价、激励最有发言权的治理主体。同时，人力资源效能治理体系也是推动用人主体自主权得以落实的最好平台。

（四）协同：社会组织参与

在人力资源效能治理体系中，社会组织处于重要的协作地位。

相对于政府与市场的缺陷和不足来说，社会组织具有非营利性、独立性、自治性、自愿性和公益性等特点，可以在政府与人力资源之间搭建沟通协调的桥梁，发挥“润滑剂、调节器”的作用。目前，与政府治理能力相比，我国能够参与人力资源效能治理体系的社会力量发育程度依然弱小，发展进程相对缓慢，前景也不十分明朗。随着社会组织不断成熟和壮大，其必将在人力资源效能治理体系中扮演更加积极重要的角色，包括参与人力资源政策制定，协助人力资源政策落实，反馈人力资源需求、帮助办理手续等。

（五）基础：市场作用

人力资源效能治理体系若要良好运行，必须让市场真正决定人力资源的配置，也就是让市场运作真正发挥作用。所谓市场运作就是以市场机制为基础进行人力资源的配置和调节，使不同类型和层次的人力资源与不同地区、部门和行业的需求相匹配。只有市场真正可以决定人力资源的配置，政府才可以真正把管理重点放在人力资源宏观调控和宏观人力资源制度建设上，在宏观人力资源管理中的作用才能更好发挥。

市场为政府提供客观依据，以利于政府有效调控人力资源，帮助实现政府在宏观调控方面的主导作用，同时，市场还可以联通并匹配人力资源与用人单位之间的供求关系，盘活人力资源，促进人力资源的高效配置，流入、流出合理有序。由于市场只是一种机制并非一个实体，市场作用的发挥就是市场机制真正可以调节人力资源供求和流动，除非事关人力资源安全的重大事项，政府一般不应干预。

第四节 人力资源效能治理体系的实现路径

一、提升政府能力

政府能力主要体现在治理能力方面，即政府制定和实施政策，制定和执行法律的能力，公共整合能力是其中的基础性构件。公共整合能力指的是通过组织动员、政策执行和运用资源等方式形成的战略管理合力，还有以整体利益为出发点，促进政府联动、协同合作，提高政府解决问题的能力。所以人力资源的有效使用不是政府、企业或市场单独作用的结果，也不是利益主体的简单“双向选择”，而是包括政府、市场、企业、人力资源个体等多元利益主体在内的整体性运作结果，是国家主导的国家战略高度的人力资源管理系统工程。

目前，由于各部门的治理整合，缺乏政府能力层面的协调，我国宏观人力资源管理中存在着普遍的“碎片化”问题。各部门从自身的偏好、利益出发的利己行为，导致项目间政策排斥和沟通困难，一致行动难以实现，人力资源服务供给相对于需求出现偏差，供求匹配的目标难以实现。加强政府能力建设，逐步改进和完善政府对宏观人力资源的指导和调控方式，政府不同层级和部门间要加强政策协同、职能聚合，增强宏观人力资源管理领域中政府主体的治理能力整合，增进政策供给的完整性和集合性。因此，为适应宏观人力资源管理中的关联性和多主体介入问题，运用政策倡议合约工具，增强政府整体构架下的治理能力是改进人力资源效能治理体系的重要方式。政府要科学预测经济社会发展对人力资源的需求，探索经济社会与人力资源发展良性交互且互相促进的体制机制，制定合理并可实践执行的人力资源发展规划，预测并揭晓人力资源供需情况，出台引导人力资源流向的激励政策，引导人力资源集聚到经济社会发展最需要的地方去，最有效地发挥行政引导对人力资源调控带动作用。政府要以法律法规的形式，特别优待愿意到条件比较艰苦或贫困的基层一线、广大农村、偏远山区工作的人力资源，对他们的待遇和发展前景做出明确的规定与安排，以鼓励和吸引更多优秀人力资源为国家服务。依据人力资源在不同时期的需求状况，适时制定和修订使用政策，构建和维护发展平台，营造适宜环境，为用好人力资源提供最大限度的服务和保障。加快转变人力资源发展方式，提升政府宏观人力资源管理的统筹能力，调整人力资源结构以适合战略需求，优化人力资源可持续发展的条件和环境，加强和改善人力资源公共服务。

二、转变政府职能

人力资源效能治理体系的有效运行有赖于政府部门职能的转变和切实履行，而政府职能的转变需要政府首先转变治理理念，建构新的治理模式。所谓转变治理理念，就是要转变对于政府在社会治理中的地位和作用的认识，从事实上的“管制型政府”和“无限政府”转向“服务型政府”和“有限政府”。具体说，政府在宏观人力资源管理上的职责主要是三个方面：第一是调控人力资源供求，确保人力资源总量和结构的动态均衡，第二是促进和保障人力资源就业，第三是引导并确立人力资源市场机制的功能和作用。

政府职能转变的一个表现是可以提供更利于宏观人力资源管理发展的公共政策和服务，更有针对性地满足相关主体的需求，利用竞争规律和价值规律实现各类人力资源的优胜劣汰，营造人力资源开放发展并达到有效均衡市场机制和空间的目的。政府在人力资源管理和服务方面，应充分考虑人力资源、用人单位及社会组织的利益和诉求，更加侧重宏观设计和统筹规划，精简行政审批、收费事项和直接干预，探索信息技术在宏观人力资源管理中的应用前景。建立并公开政府宏观人力资源管理服务的权力清单和责任清单，加强人力资源公共服务平台和载体建设，完善人力资源权益保障，使政府职能回归到致力于营造良好制度环境和严格监管规制执行情况的本位。通过公开采购、联合承包和竞争招标等方式，稳妥地将政府原先独占的人力资源公共服务产品向企事业单位和非营利单位过渡。宏观人力资源管理涉及的相关部门应互相理解、团结合作，形成沟通顺畅、配合密切的工作机制。要有勇气和决心打破部门利益分割，维系人力资源策略的连接和贯通，消除部门之间的脱节和掣肘现象，开拓宏观人力资源管理的新局面。对于涉及国家经济社会发展全局的重大人力资源问题，可以由国务院成立专门工作小组进行统一领导，参与部门各司其职、精诚合作，形成推动人力资源优先发展的整体合力。对于长期未能解决的难点问题，要积极谋划、争取突破，比如制约体制内外人力资源流动的身份壁垒问题，要逐渐弱化行政级别、编制等限制，探索“身份管理”向“岗位管理”的转变。干部、工人、农民、知识分子等身份制度是我国计划经济体制下形成的对人们职业的划分，有特定的含义和历史作用。改革开放以来，随着企业自主经营、自负盈亏体制的建立，身份制度首先在企业失去了存在的基础，人力资源流动主要在供求和价值规律决定下自主选择。但是对于党政机关、事业单位以及国有企业等“体制内”单位，身份的观念和管理却是一直保存到现在，没有太多变化。在体制内单位，不同的身份意味着不同的地位、权利、责任和待遇，只要保留这种身份，就算是变换单位和工作，身份本身所具有的这些属性就会一直保留。目前在体制内单位也存在一些体制外人员，就是所谓聘用不在编的劳务派遣性质的人员，他们和单位在编人员做同样的工作，待遇却差别很大，而且毫无晋升空间，这严重伤害了人力资源管理的公平性，挫伤了聘用人员的积极性。但是身份管理能够长期存在，自是有其深刻的合理性和必然性，采取激进的手段快速彻底消除，会面临巨大的风险，绝不可贸然行事，要循序渐进、稳妥推进基于职责的岗位管理。

政府职能的实现需要法律法规的支持和约束，政府职能转变的一个重要方面就是如何处理政府行政管理与法律法规关系的问题。目前我国在宏观人力资源管理领域，主要还是依靠行政力量来推进工作进展，法治意识有待加强，法制规范需要健全。政府需要大力弘扬法治精神，尊重法律地位和尊严，推进人力资源法治建设，建设理念先进、结构合理、内容完整，措施得力的人力资源法律法规体系。政府要自觉依法行政，将我国擅长的政策管理与法治精神深入结合，适时出台法规，将运行成熟、效果良好的人力资源效能治理体系的政策措施上升为法律法规，以巩固人力资源效能治理体系的创新成果，促进人力资源效能治理体系不断完善和发展。

三、充分发展社会组织

社会组织以其在公共事业领域的专业性和灵活性著称，作为政府和市场机制的重要补充，在宏观人力资源管理领域也应注重发挥其独特的作用，以满足人力资源个体发展需求的异质性。尤其在人力资源评价和推荐、培养和开发、洞察人力资源动态、协调劳资关系等方面，社会组织正在越来越深地介入，提供了许多可以解决实际问题，而且高效低价的服务。构建人力资源效能治理体系，需要大力培育和发展各种类型的社会组织，为其提供发展资源和空间，同时对其进行引导和规范，期望其可以更多更好地承接政府转移的职能。

人力资源效能治理体系要理顺政府与社会组织的关系，坚决遏制政府天然对于权力的欲望，在掌握国家人力资源基本面的前提下，应秉持市场精神和效率原则，充分理解和信任社会组织。凡是由社会组织办理可以使效果更优的人力资源事务和服务，都应积极探索由各种社会组织承担的方式方法，逐步减轻政府负担，提高人力资源治理效能。政府要加强对社会组织的分类指导和过程监管，构建有序发展、布局合理、依法自治的社会组织体系，积极鼓励和引导社会组织有效发挥各自功能和优势。

政府与社会组织要进行广泛和深入的合作，人力资源效能治理体系需要探索和拓展更适宜的合作模式，包括政府采购、服务外包、协同开发等多种合作形式来提供数量更多、质量更优的人力资源服务。对于由政府组织开展的人力资源规划、人力资源统计、人力资源项目评估等工作，通过授权、招标等方式适当转移给社会组织承担。对于一些必须由政府主导的人力资源项目，也不必所有事项和环节都由政府部门操作，可以采用灵活外包的形式，选择更专业的社会组织合作，形成人力资源项目管理的政府、社会组织合作模式，这样既可以改善服务提供的效果，又可以密切政府与社会组织的关系，以便于以后的进一步合作。为了保障社会组织的公信力，政府要把社会组织的发展纳入法制管理的轨道，健全和完善涉及社会组织的法律法规，明确对社会组织的性质、功能、信誉和资质要求，并且提供明确合理的法律规范以加强对社会组织的监管。

四、培育人力资源市场

人力资源市场体系和机制是否完善是人力资源市场能否有效调节人力资源配置的关键。当前，我国已经初步建立起结构完整、功能齐全、层次分明的人力资源市场服务体系，有力地促进了人力资源的供需平衡和优化配置。但是我国人力资源市场建设也面临一些缺陷和不足，包括区域人力资源市场分割现象仍然严重，全国统一的人力资源市场体系还未形成等，需要认真对待。

人力资源市场是实现人力资源优化配置的机制，应以人力资源配置的效率和效益为目标，追求效率最优化和效益最大化。为此，社会主义市场经济规律和人力资源流动规律是人力资源市场建设必须遵循的原则，要大量减少政府对人力资源的直接配置，充分激发用人单位、中介组织和人力资源个体等市场要素的活力和创造性。尤其要尊重人力资源的主体地位，以人力资源的利益需求和成就动机作为持续推进人力资源市场发展的原动力，人力资源市场和人力资源服务机构要为人力资源创新创业提供最有利的平台和服务。人力资源市场的从业人员是人力资源市场功能发挥的决定要素，要严格把控从业人员的入职与培训，提升其专业化、职业化水平，改善服务质量。大数据、现代信息技术以及人工智能的发展是人力资源市场建设必须充分重视的时代和技术背景，必须尽可能地将最新科技进展应用到人力资源市场的建设中。结合大数据，当前比较可行的任务是建立可以共享的、统一的人力资源信息数据库，构建可以及时跟踪与反馈人力资源市场供求关系变化，反映人力资源市场长期发展态势，及时预警各类突发事件，促进人力资源整体开发的人力资源市场动态监测体系。

五、落实用人主体自主权

党的十八大以来，随着宏观人力资源管理体制机制改革的不断深入，用人单位的用人自主权得到了越来越多的落实，但对于体制内的国有企事业单位来说，人力资源管理的体制机制仍然类比于公务员管理体制，限制了人力资源的开发、晋升和流动空间。进一步落实用人主体自主权，是人力资源发展治理体系正常运行的基本保障，政府必须进一步转变观念，简政放权，最大限度减少对用人单位人力资源管理上的干涉。尤其在编制管理、职称评定、绩效工资以及科研经费等方面，政府要放弃规约的制定，交由市场和用人单位根据市场规律自行确定和运作。要加快事业单位分类改革，推动学校、医院和科研院所等“去行政化”，为保障用人单位更好地发挥主体作用提供良好条件和环境。

第八章

宏观人力资源激励

第一节 产权视角的宏观人力资源激励

人力资源以人的身体为载体，人力资源的投入程度受其载体意志和健康状况的影响非常明显，人的身体越健康，精神越主动，其人力资源的发挥利用就越充分。宏观人力资源管理和经济发展的事实充分表明，人力资源被激发或抑制的状况与经济发展和创新创业效率密切相关，人力资源只有被充分激励、处于完全“打开”的状态，其所蕴含的经济价值和创造性才会更彻底地释放出来，推动创新创业热情高涨和经济形势向好。本章不考虑健康问题，专门研究人力资源意志和精神方面的激励状态对其产生的影响，探讨如何通过有效的激励来最大限度开发和实现人力资源的价值。

在对人力资源激励的理论研究中，常用的逻辑起点是需求。人们总是为了满足物质和精神的各种需求，才会主动或被动地参加社会工作和经济活动。为了完成工作，人们需要必要的投入，在工作的过程中人力资源也会随之历练和增长，工作的完成以及人们需求的满足，会进一步激励人们投资和改善人力资源总量和结构。马斯洛（A. H. Maslow）、麦格雷戈（D. Mcgregor）和赫兹伯格

(Frederick Heraberg)等经典的激励理论都是对人们需求满足过程的不同角度的研究，基本结论都指向对人力资源的激励必须以满足人们的需求为前提。不同人性假设理论提出的“经济人”“社会人”“有限理性人”和“复杂人”等关于人的本质的假定，都表明了人有多方面的特性和需求，对其激励需要考虑人在特定状态下的特定需求。

激励有强弱和正负的不同，高强度的正激励对提高人力资源的使用效率最有利，使人力资源效能得到最好发挥，获得最多收益；负激励则会产生负效应，减损人力资源的价值和产出。我国市场经济改革取得成功的重要原因之一就是将国家发展目标与人力资源的需求与意志协调一致，给予人力资源强烈的正激励，使人们相信凭借自己的才干和努力，可以改善自己的工作和生活，获得成就和尊重，因而努力奋进，使经济充满活力。所以，从宏观角度，探索新时期进一步激发全国劳动者活力的正激励的理论、制度、方法和实践策略，避免负激励的损失是宏观人力资源管理研究的重要课题。

人力资源作为一种蕴含于人体的客观存在，有客观性和主观性两方面特性，对其开发和使用也必须考虑这两方面特性，人力资源的客观属性是基础，主观属性是关键。所谓客观属性，指的是个体的先天禀赋以及经过教育、培训、医疗卫生、保健等人力资源投资手段积累于人自身的知识、技能、经验等客观存在的能力和素质。所谓主观属性，是指对于客观人力资源的提取和使用依赖于人的主观意志，客观人力资源一定程度上可以理解为潜在的人力资源，而个体的主观因素决定了潜在人力资源在经济实践中的真实表现，即真实人力资源。一般来说，真实人力资源小于潜在人力资源，其大小取决于主观意志受激励的状况，激励主要源于需求的满足，而需求的满足首先取决于人们对于自身权利的认知，即哪些权利是可以预期和得到的，哪些权利是不可得的，这其实就是对人力资源产权的界定。对于自己可得的权利，人们会戮力追求，得到也会心安理得，相应的激励效果会固化人们对现行人力资源产权界定的认可；对于不可得的权利，人们也不会产生过多的欲望，虽然不会产生激励效果，但也不会特别不满。所以人力资源产权的初始界定和后续延展是进行人力资源激励的重要视角，也就是说，产权的清晰界定具有强大的激励功能，人力资源有效激励的本质由人力资源产权制度的安排所决定。从产权视角看，人力资源载体天然拥有人力资源的完全产权，控制着人力资源的供给，载体的权利实现程度决定了人力资源的价值实现程度，而人力资源的投入程度难以衡量和监督。从激励和压榨两种管理手段看，只可选择激励，不可选择压榨，也就是说只可选择善的手段，不可选择恶的手段。通过建立有效的人力资源产权制度来创建多赢共赢的局面，促进人力资源和经济的共同发展。

第二节　人力资源产权的内涵和特征

一、人力资源产权的内涵

人力资源是人和知识、能力、经验的结合体，是一种能动性资产。从现代制度经济学和产权经济学角度看，对人力资源这种能动性资产的制度规范中，最基本和最重要的制度设定就是人力资源的产权制度。

作为一种现实的经济关系，人力资源产权包含人力资源生产、人力资源使用和人力资源收益等过程中一系列的经济权利关系。人力资源产权是由多种权利组成的产权束，其中人力资源所有权是根本产权，其他权能是派生产权，根本产权和派生产权共同构成了人力资源产权。本质上说，人力资源产权是一种符合契约精神的法权关系、意志关系和行为关系，可以用来确定人力资源这种稀缺资源使用和收益时的相互地位和关系。

从宏观人力资源管理研究的视角，本书认为，对于人力资源产权的理解，可以认为是从保障和实现人力资源产权主体在社会经济活动中的经济利益出发而设定的一系列权利界定关系。具体地讲，所谓人力资源产权，可以理解为是人力资源在市场活动过程中，以人力资源所有权为根本，以及由其派生出来的使用权、收益权和处置权等一系列权利关系，是对这些权利运行规则的界定。

人力资源产权可以为人力资源产权主体获得不同形式的经济利益，如对人力资源的使用与收益、部分能力和资质租赁以获得租金、作为投资占有股权并获得分红等，因此人力资源产权表现为不同形式的权能。这些权能之间紧密联系、互相制约，是一组既对立又统一的权利集合，在实践表现中都有可能出现。

在经济社会活动中，人力资源产权主体的经济利益，主要通过所有权、使用权、处置权和分享收益权等形式体现，因此，本书认为人力资源产权可以理解为是一个由所有权、使用权、处置权和收益权等权能所组成的一个产权束。

（一）人力资源所有权

人力资源所有权是其他产权实现的前提，是人力资源产权的基础。所谓人力资源所有权，一般是指人力资源所有者排除其他方面影响，对人力资源拥有的占有控制权。可以从两个方面来分析人力资源所有权：一是交易的角度，认为是在法律上承认归人力资源所有权主体所拥有，即可自用又可通过市场交易让渡给他人以使其获益的人力资源权利；二是使用的角度，即人力资源产权主体拥有、占有、使用、收益和处置人力资源所具有的权利。人力资源所有权的重要性表现为，拥有了人力资源的所有权，就意味着人力资源的主体地位的实现，因为人力资源的实际使用权、支配权和收益权等权利都随所有权而一起拥有。产权理论表明，除了人力资源载体之外，人力资源的所有者还包括所有对人力资源进行投资的主体，如国家、企业、家庭等，都可以分享人力资源所有权，只是所拥有的时间和所占的份额差异较大。一个基本的原则是对人力资源形成贡献越大，拥有所有权的时间越长、份额越大。人力资源所有权是否实现可以从一个简单事实来判断，就是人力资源所有者是否可以借由人力资源实现自己的目的和利益，不同的制度环境和社会经济条件下，这种实现程度的差异是非常巨大的。目前对宏观人力资源管理来说，关于人力资源产权的一个常见困境就是国家的人力资源产权常常无法实现。比如大量出国留学生选择留在他国，使得国家在人力资源上长期大量的投入无法得到回报，反而是增强了他国的竞争实力，成了“为他人作嫁衣裳”。好在随着我国经济的持续健康发展，国力的增强和民族自信心的逐渐恢复，这种情况正在快速转变，留学归国人员正在逐年增加。教育部的数据表明，我国 2016 年出国留学人员总数为 54.45 万人，各类留学回国人员总数为 43.25 万人，年度出国/回国人数比例达到 1.26∶1。我国在 1978—2016 年年底，已完成学业的出国留学人员有 322.41 万人，其中 265.11

万人选择完成学业后回国发展，[①] 其中党的十八大以后才选择回国发展的占70%。“到中国去”“回祖国去”成为海外人力资源新追求。[②]

（二）人力资源使用权

所谓人力资源使用权，是指在法律和权利允许范围内，人力资源产权主体以各种方式，按照自己意图使用人力资源的权利。这种使用通常有两种形式，一是自用，即使用人力资源从事各种经济活动为自己获益；二是他用，即以就业、顾问等方式把使用权让渡给其他组织和个人使用。

一般来说，人力资源使用权的让渡都会采取契约的形式，但是由于人力资源的特殊性，接受让渡的组织和个人并不能拥有人力资源完全的使用权，因为人力资源载体天然无条件的拥有人力资源的使用权和处置权，载体的意志决定了人力资源效能真正的实现程度。

（三）人力资源的处置权

人力资源的处置权有不同于一般物质资源的明显特点。就一般物权意义而言，随着处置权的行使，物质资源的所有权可能被消灭或转移。物质资源所有权人也可对所有物设定物权，所有不符合所有人意志和法律规定的处置都是不法处置，处置物必须返还给所有人或合法处置人，对于不能返还或造成损失的应给予相应赔偿。

人力资源处置权是指在权利允许范围内，人力资源产权主体以

① 2016年度我国出国留学人员情况统计，http://www.moe.edu.cn/jyb_xwfb/xw_fbh/moe_2069/xwfbh_2017n/xwfb_170301/170301_sjtj/201703/t20170301_297676.html

② 任采文．聚天下英才而用之——学习习近平总书记关于人才工作的重要论述［JB/OL］．求是，http://theory.people.com.cn/n1/2017/0703/c40531－29379599－3.html

各种方式处置人力资源的权利，作为产权束中的一种权能，一般属于产权所有人。人力资源处置权的内容没有一般物权中的处置权广泛。简言之，人力资源处置权包括以下三种，一是变更人力资源使用地点的权利，即随所有者意志使人力资源在不同行业、地区、部门之间流动的权利。二是改变人力资源使用方式和存在状态的权利，即人力资源产权主体可以使人力资源一定时期内进入生产流通领域，处于工作状态；也可以由于各种原因使人力资源暂时离开生产流通领域，处于赋闲状态。三是增加和变更人力资源内容的权利，根据使用需要，人力资源产权主体可以对人力资源进行投资开发，以增加人力资源存量，改善人力资源结构。

（四）人力资源收益权

人力资源产权在经济上的实现形式就是人力资源的收益权，它是人力资源产权束中的核心权能，也是人力资源产权实现的最终归宿。关于人力资源收益权，从狭义的理解，可以认为是指包括人力资源载体本人和非载体在内的人力资源产权主体，在符合国家有关法律规定的前提下，根据其在人力资源上的投资以及其与人力资源产权相关各方的契约关系，取得相应的投资收益的权利。从广义的理解，人力资源收益权不仅包括获取有形资产形式的各种实际经济收入，也应包括利益分享权，利益指可以产生潜在的收入或精神享受的荣誉、权力和机会等无形资产。

二、人力资源产权的特征

作为一种产权形式，与物质资源相比，人力资源产权除了具有排他性、普遍性、交易性、分解性、确定性等产权的一般通用属性之外，人力资源产权还具有更多复杂的特性，主要表现在以下几个方面。

（一）投资主体的多元性

人力资源并不是人们生来就具有的，它是投资形成的结果，而人力资源拥有多元的投资主体。虽然人力资源投资的直接目的是为了提高人力资源的质量和存量，但并不是只有一个个具体的人才能成为投资主体。如前文所述，国家、组织、家庭都在人力资源的形成过程中进行了投入，都是人力资源投资的主体。理论上，国家对人力资源的投资形成国家人力资源，组织对人力资源的投资形成组织人力资源，家庭和个人对自己投资形成个体人力资源，组合投资形成组合人力资源。实际上，一个人身上的人力资源基本上都是各方共同投入形成的，很难区分清楚，但是不管其他投资主体参与程度如何，人力资源载体本人都是必须参与的，每种投资的过程都必须靠个人本身的努力和配合才能得以实现，人力资源载体是当然的主体。也就是说，不管是由什么主体投资形成的人力资源，都必定包含人力资源的载体对自身投资所形成的部分。

（二）产权权利的相对性

产权权利的相对性可以从两个方面来看。一方面，包括个体在内的所有投资主体所拥有的人力资源产权都是一种相对的权利，其权利的实现都需要考虑其他方的利益和意志，在互相妥协的过程中有可能会使得其人力资源产权无法得到充分实现；另一方面，与物质资源产权相比，人力资源产权的实现受到更多的限制。物质资源的所有者可以凭借其产权，随自己意志对其所拥有的物质资源行使使用权、处置权和收益权等权利并获得相应的收益。但人力资源由于其特殊的载体性质，其产权实现过程中，必须时刻考虑人的人格、尊严、伦理等经济范畴以外的人权、人性等因素的影响，因此具有相对性。

同时，对人力资源形成过程的分析也可以说明人力资源产权的相对性，即物质资源产权主体拥有的完整产权，任何人力资源产权主体是不可能拥有的。一方面，人力资源产权主体虽然拥有一定的产权权利，但是由于人力资源在形成过程中已经与个体原本拥有的部分完全融为一体，完全无法区分哪些是新形成的，哪些是原先已有的。也就是说，无法明确人力资源投入与产出之间确定的对应关系，因此人力资源产权所有者也无法要求拥有人力资源的全部知识、技能和态度等。而在人力资源产权所有者中，人力资源的载体拥有更多的主动权，也就是说其他产权拥有者必须得到人力资源载体的同意和配合，否则其产权的实现就会遇到障碍或者增加许多费用。另一方面，即使人力资源承载者本人的产权实现也不是不受限制的，至少受三方面的约束，一是受家庭及人体本身的精神和健康状况所限；二是受与其他产权主体签订契约的制约（其他主体如企业对人力资源的投资通常不会是无偿的，会与人力资源载体签订相应的契约来保障其投资的利益）；三是要符合国家法律规范（如《劳动法》《劳动合同法》《最低工资规定》等）的要求。

（三）产权运用主体的特定性

人力资源使用权和人力资源运用权的含义有所不同，使用权是指拥有使用的权利，运用权是指使用权的实际操作。即人力资源的使用权是指在一定的时期内，产权主体通过各种方式获得的，以一定形式对人知识、技能、经验进行使用的权利；所谓人力资源运用权是指产权主体对人力资源进行务实和具体的运作和操控的资格与能力。

人力资源使用权和运用权的区别在于，人力资源的使用权可以以契约形式，通过合法手段来取得；而人力资源载体之外的任何主体都无法完全获得人力资源的运用权。这也是由人力资源与其载体密不可分的特殊关系决定的，人力资源始终以难以准确衡量的、无形的、动态的知识和技能等形态存在于个人体内。人力资源载体之外的其他任何产权主体若要使用人力资源，就需要通过人力资源市场来获取使用权，并承担相应的交易成本，但这并不必然使其拥有人力资源的运用权，因为人力资源的运用权只能绝对排他性地由载体个人来具体行使。个体以外的力量，不管多么强大，也都必须转化为个体的主观意愿才能使人力资源真正产生最好效果，而且价值越高的人力资源，主观意愿的重要性越突出，这也再次说明了人力资源只可激励不可压榨的基本原理。从另一个角度来说，如果与人力资源承载者的意愿相违背，承载者主观不愿意，那么运用权主体很可能无法实现其预期收益。

（四）产权残缺价值贬值性

人力资源是一种“主动财产”，对于人力资源的运用水平和产生绩效情况影响最大的不是客观环境和条件的状况，而是人力资源载体个人主动性、创新精神等主观因素，这是因为潜在的客观人力资源的开发和使用程度很大程度上是由其承载者主观判断和意愿所决定的。人力资源产权是一束权利的集合，与物质资本迥然不同的是，如果这个集合的一部分受损或受到限制，也就是发生“产权残缺”现象时，这个权利集合整体价值的实现都会受影响，会自动贬值，或将相应人力资源“禁锢起来”。而被禁锢和抑制的人力资源就像是根本不存在一样，完全不会被开发和投入使用，直到人力资源被重新“激活”和“唤醒”，也就是人力资源产权得到全部尊重和恢复。进一步说，被抑制的人力资源会随着科技的进步加速贬值，导致人力资源产权整体受损的情况更加严重，所以人力资源产权残缺时间越长，人力资源贬值越多，必须发现问题后及时解决。

（五）产权继承的间接性

人力资源在产权的继承方面，与物质资源不完全相同，存在一定的特殊性。对于物质资源来说，只要征得原产权主体主观同意，继承者就可直接继承并行使产权的一系列权利。但是由于人力资源存在于人身这个最根本的特点以及其产权的复杂性，人力资源的继承就与物质资源大不相同，也就是人力资源的继承者并不能直接对人力资源行使其继承下来的相应权利。从根本上说，由于人力资源存在于人体内，人力资源会随着人体的衰老和死亡而消失，所以人力资源实际上是无法继承的。本书认可这样的研究思路，即先将人力资源物化和知识化，然后由继承者继承已经物化和知识化的，与承载者相对剥离的人力资源。人力资源经过物化和知识化后，有两种可能，一是与承载者完全剥离，如专利、技术、著作等，这些都可以直接继承；二是对于不能与承载者完全剥离的人力资源，比如资质、信誉、经验等，可以依据法定程序签订契约来实现继承。[①]

第三节　人力资源产权激励的形成机理

一、激励人力资源供给

人力资源的价值和效率始终表现为它在使用过程中的实际贡

① 王勇．人才资本产权实现的路径分析与制度安排［D］．河海大学博士论文，2007．

献，从宏观的经济社会发展到微观的企业经济绩效，对其产生决定作用的不是静态的人力资源存量，而是人力资源的发挥程度，即人力资源的实际供给量。人力资源存在于人体内的基本特征决定了人力资源的供给是一种由行为主体——人的主观意志所左右的个性行为。因此，人力资源的存量和配置只是人力资源潜在的高效率、高贡献的基础，只有在实际使用过程中被充分激励而完全供给，才代表人力资源的真实价值。

宏观人力资源管理就是要力求最大化实现潜在人力资源供给，而当前最主要的一个切入点就是进行产权激励。首先来看人力资源在无产权的状态下进行供给和使用的情况。企业组织的生产方式主要是“团队生产方式”，这是人力资源所有者之间、非人力资源所有者和人力资源所有者之间的合作生产方式，人力资源和非人力资源要素之间的协同合作决定了生产绩效。而生产绩效的分配要求确立和界定不同要素之间的财产权利，即根据他们的产权来分配企业的生产成果。如果生产成果全部归非人力资源所有者，人力资源所有者只获得工资等劳动回报，人力资源的积极性无法得到激励，必然减少人力资源供给；而如果人力资源之间平均分配成果，就会激发“搭便车”和“偷懒”动机，整体人力资源的供给也会减少。从管理角度看，准确度量每一个人对企业生产成果的贡献是很困难的，但这并不能成为否认人力资源产权的原因。根据经济学基本原理，人力资源的行为准则也是追求效用最大化，而效用来自于成本和收益之间的差值。若人力资源供给成本一定，收益越高，则获得的效用越大；若收益一定，人力资源供给成本越少，则获得的效用越大。所以，在没有明确的人力资源产权界定时，人力资源收益与其供给无关，即人力资源供给量增大或减少，并不影响其收益。这样，符合经济理性的人力资源必然最小化其供给成本，以获得最大化的效用。

而在人力资源有明确而合理产权界定的情况下，人力资源的供给和收益完全相关，在追求效用最大化的动机下，人力资源一定会认真考虑供给成本、风险、收益等综合因素，选择最合理的人力资源供给量，而且不会产生“偷懒”行为，这就是产权激励人力资源供给的效果体现。当然，这种激励效果需要法律和制度的保障，也就是人力资源产权要完整不受侵犯，人力资源的正常经济活动不受外力的干扰，人力资源的供给和回报之间的渠道畅通。

激励机制与监督机制相比，对于提高人力资源供给的效果更好，理念更为可取。传统的团队生产理论认为，增加人力资源供给的主要方法是监督，而监督是一个基于人性本恶的操作复杂、成本很高的机制。甚至于监督者本身也可能产生“偷懒”行为。为了激励和约束监督者，企业必须界定他们的产权和利益，采取相应的激励手段。实际操作中这种方式的效果并不理想，在造成企业监督成本高昂的同时，也会引起被监督者的反感和不满，甚至引发冲突，从而导致工作效率低下，人力资源供给不增反减。所以，监督机制尽管在人力资源管理中不可缺少，但对于提高人力资源供给来说，最优先考虑和选择的应该是激励机制。

二、激励人力资源投资

人力资源投资是指对人的经济活动能力具有形成和提高作用的教育、培训、健康和迁移等方面的投资行为。人力资源投资具有两个方面的重要特征：长期性和风险性。所谓长期性是指人力资源的投资和形成需要长时间的积累，比如教育投资，一个人从接受基础教育到完成高等教育，进入社会投入工作，一般需要经过十几年的时间。显然，人力资源投资是一种长期投资，而不是短期投资。所谓风险性，是指人力资源投资的过程存在风险，使得人力资源的投资未必能获得收益。人力资源投资风险的来源很多，包括刚谈到的长期性就是风险之一，在这么长的时间里，一旦个体出现任何健康或心理的状况，其所拥有的人力资源都会大打折扣甚至完全损失。其他风险包括法律和制度的变迁、市场和竞争环境的变化、科技的巨大飞跃、投资方向的偏差、投资者战略的调整等，都会对人力资源投资的策略和效果产生重要影响。尤其需要重视的是来自信息不充分方面的风险。信息是任何一项人力资源投资决策的必要条件，拥有充分的信息，对做出正确的投资决策至关重要。只有掌握足够的信息，才能避免风险、及时发现风险、提出风险对策、减少风险损失。

既然人力资源投资的周期长、风险大，那为什么还要对人力资源进行投资呢？原因不外乎人力资源价值的独特性、稀缺性、高收益性，而如果没有合理的制度保障，人们对人力资源的投资热情也必将趋于冷却。制度保障首先就是确立和不断完善人力资源产权制度。如果没有产权制度的保护，在人力资源投资者和收益者为不同主体时，其成本分担和收益分享很容易产生错乱和纠纷，会使各方都谨慎对待人力资源投资，最后导致人力资源投资不足。所以产权是对人力资源投资收益的保障，是人力资源投资的激励机制。

一方面，人力资源产权制度能促进通用性人力资源投资。所谓通用人力资源是指人力资源中使用范围非常广泛，没有特定限制的知识、技能等基本能力的范畴。对于通用人力资源来说，在存在人力资源产权时，其收益和其投入量的大小呈正比，投入量越大，收益就越多；投入量越小，收益就越少。但是在缺乏人力资源产权规范时，这种关系就难以体现出来。比如在我国计划经济时期，人力资源产权属于国家，人力资源的私有产权完全被忽视，个人人力资源投资的收益很有限，不同存量人力资源的收益差距很小，严重抑制了个人和家庭对人力资源投资的积极性。在尊重人力资源私人产权的市场经济条件下，不同人力资源存量的市场回报差异巨大，人力资源产权的价值得到充分实现，对人力资源投资的信心和热情才得以激发。

另一方面，人力资源产权激励能促进专用性人力资源投资。企业的培训和“干中学”是一种重要的专用人力资源投资方式，如果在组织产权安排中缺乏人力资源产权，参加培训的人员无法从培训中获益，他们对培训的热情就会降低。同时，如果人力资源在“干中学”中积累的专用人力资源，不能为员工在组织中的发展创造独特的优势，他们也不会在工作中努力学习和钻研。企业组织只有通过明晰人力资源产权，确认员工在专用人力资源上投资的利益，才能激励专用人力资源的发展，所以人力资源产权对于保障专用人力资源的权益，激励专用人力资源的投资，增强培训效果非常必要。

三、内化人力资源外部性

外部性是指经济活动中，某一方行为人的决策和行为会对另一方产生有利或不利的影响，而这种影响难以通过市场机制自动调节，也难以通过市场交易进行补偿或支付，也就是说行为人从事经济活动时其成本与后果不完全由该行为人承担。外部性包括正外部性和负外部性两种情况。所谓正外部性，就是某个经济活动主体的行为给他方或社会创造了福利，而他人或社会不必为此向行为人支付任何费用；所谓负外部性，就是行为人的行为给他人或社会带来了损害，而行为人却不必为此承担责任。

人力资源的行为具有明显的外部性，而且不仅存在正外部性，也存在负外部性。所谓人力资源的负外部性，是指人力资源投资者以及其他产权相关方的利益有可能在人力资源使用过程中受损。这是因为人力资源承载者对于人力资源的价值实现及其实现程度具有决定性的影响，如果人力资源承载者认为人力资源产权制度的设计和安排不合理，他可能会选择以消极的方式对待人力资源的工作和付出。人力资源负外部性的直接结果就是人力资源产权所有者利益受损、人力资源使用效率低下和投资不足。

人力资源负外部性的根本解决办法是通过明晰的产权界定将其内化，从而消除人力资源承载者损害其他产权方的动机，而且致力于最大化人力资源的投资。根据新制度经济学的观点，外部性之所以存在，其根源就在于产权界定不清，所以，必须非常明确地划定人力资源产权的事实界限，才能使人力资源投资达到边际成本等于边际收益的最大值。

第四节 人力资源产权激励的制度安排

人力资源产权是基于一定制度环境的人与人之间的权利关系界定，其实现受到各种基础制度因素的影响。人力资源产权的制度安排是激励人力资源投资的现实动力和保障，可以减少人力资源生产、交易、配置、评价过程中信息的不确定性，从而减少交易成本、维持交易秩序、抑制风险行为、扩大人力资源积累。所以，研究人力资源产权激励必须研究合理的制度安排，探索决定人力资源产权实现的深层次的制度因素。

一、人力资源产权制度安排的基本内涵

制度安排，按照制度经济学的理论，是对经济活动主体内部以及不同主体之间经济往来过程中的利益关系进行规范的正式约定。制度安排可以通过多种渠道和方式来达成，可以通过国家规定和社会共同决定，也可以由较私密的个人和团体协商决定；可以是正式和长期的，也允许是非正式和短期的。

人力资源产权制度安排的目的在于提供一种可以激励人力资源投资、化解权益冲突、减少人力资源交易成本的强制规则。通过这种制度安排，可以改变个人与组织的合作竞争模式，使身处其中的人力资源及其组织获得制度外难以获得的稳定的预期收益。但是在现实的人力资源生产和配置过程中，影响因素非常众多，变化错综复杂，对人力资源价值的评价和衡量标准各不相同，使得人力资源产权相关方的目标难以统一，契约难以达成。所以完善的人力资源产权制度安排不是一蹴而就的，甚至不会是自动形成的，必须建立严谨而有保障的制度设计和实施机制，以强大的执行力来确保制度安排的贯彻和落实。

所谓实施机制是指专门设立一定的组织或机构，对符合或违反制度规则的行为做出相应奖惩，从而使制度安排内容得以实现的机制。若要人力资源产权制度实现应有的功能和价值，高效的实施机制必不可少，因为相对于没有规则来说，有规则固然好，但是有规则而不实施的结果可能更加严重。

因为无法执行的制度，不仅毫无约束性、权威性可言，而且会使人们对制度产生的机制产生怀疑和蔑视，从而使之后的制度制定和施行非常困难。因此，制度安排必须内含实施机制，没有实施机制的制度安排就如同空中楼阁，无法真正发挥作用。

人力资源产权制度安排的实施主要有两种方式：自力实施和他力实施。所谓自力实施，是指在人力资源产权各相关方之间信息非常充分、互相信任，而且预期收益超过各方前期已到位的投入的情况下，人力资源产权制度可以采取自力实施。所谓他力实施，是指由国家或其代表组织等具有强制力量的组织，通过制定有效的法律体系来实施产权制度的做法。这种实施方式主要是针对与人力资源活动各方没有重复合作和交易关系而且各方信息不对称的情况。但是，他力实施的成本是必须考虑的问题。因为这种由第三方强制的实施总是由行政组织或社会组织来完成的，而他们运行的成本往往是较高的。要使实施机制有效，就不仅要让产权各方拥有的信息尽量对称并让作为第三方的实施方及时准确地获得各方行为的信息，而且在实施机制内部也要做出一些制度安排，以便约束实施方的机会主义，降低制度安排的实施成本。

二、影响人力资源产权制度安排的主要因素

（一）制度安排成本的高低

人力资源产权制度安排的实施是有成本的，其成本主要包括制度设计成本和制度实施成本。人力资源产权制度设计的成本主要取决于设计新的制度安排的人力资源和其他资源的要素价格。如果影响制度安排的其他资源因素价格保持相对稳定，则制度设计成本越高，制度安排的供给就越少；反之则越多。

人力资源产权制度安排的实施成本，是指实施新的人力资源产权制度安排的预期成本，而非人力资源产权制度安排实施中的实际成本。这种成本的大小主要取决于宏观人力资源管理效率的高低和整个经济运行管理效率的高低。人力资源产权实现过程中的制度实施成本与制度设计成本是人力资源产权制度安排的成本的重要组成部分，其在数量上的变化与人力资源产权制度安排的供给成反方向变动。除了制度安排的实施成本和设计成本之外，还有其他因素也会影响人力资源产权制度安排，诸如实施制度过程中产生的组织运营成本、监督成本、沟通成本等，有些制度就是因为实施过程中的成本和费用问题难以解决而导致无法付诸实施。

（二）制度安排组织的健全程度

制度的设定需要具体组织去实施，作为代表国家执行人力资源产权制度安排功能的行政机构或社会组织，组织或机构的权威性和健全程度制约着人力资源产权制度安排的绩效。这意味着必须健全相关组织机构以确保人力资源产权制度的顺利实施，制度安排的直接主体是人力资源，组织机构也是由人力资源组成的，所以归根结底，人是制度创新和实施的主体，离开人就谈不到任何制度的设计和实施。从这个角度看，人力资源产权制度能否有效实施，关键在于制度安排操作者的能力能否胜任，这也再次表明了宏观人力资源管理和微观人力资源管理不可分割的紧密联系。

可以从专业素质和通用素质两个方面来分析人力资源产权制度安排操作者的素质。所谓专业素质是指由专门培训开发形成的业务能力，具备这样的能力才有资格成为制度安排操作者；所谓通用素质指的是操作者主观上对人力资源产权制度的理解和个人道德品性等基本素养。制度安排操作者素质的提升，一方面需要学习和修养，另一方面需要外部的约束与激励，二者缺一不可。另外，人力资源产权实现的非正式制度对正式制度安排的实施是十分必要的。组织机构中包括道德约束和共同意识形态在内的非正式制度的缺乏，会大幅增加人力资源产权制度运行的交易成本，以至于使其无法正常运行，所以组织的健全必须包含非正式制度建设的部分。

（三）制度安排的评价机制

评价机制对于人力资源产权制度安排的有效运行非常重要。包括相关评价机制的科学性、系统性，评价主体的客观性、权威性，评价标准的稳定性和可操作性，评价过程的公平性、公开性和公正性都会引导人力资源产权制度安排的合理制定和顺利开展。以人力资源参与剩余分享制度为例，作为一项经典的制度安排，假使没有科学可行的评价体系，或者评价主体不具有足够的专业性和权威性，那么就难以实现人力资源产权的目标，甚至会形成负激励作用。有效的信息机制是科学评价机制的基础，是影响人力资源产权制度安排得以实施的一个重要的前提条件，在自上而下的人力资源产权制度安排中，具有利益一致性或兼容性的信息发布者和接受者之间，信息是否具有充分性、精准性和连续性，是人力资源产权制度安排评价体系发挥正常功能的关键。

三、优化人力资源产权制度安排的途径

人力资源产权制度安排的科学制定和有效实施，能够有效实现激励功能，约束人力资源主体的利己行为，减少人力资源生产和配置中的无序现象和冲突，降低人力资源交易费用。从制度建构角度说，制度效率和绩效会随着人力资源产权制度安排的科学制定和有

效实施而显著提升。目前，由于配套实施机制的欠缺，使得有些理念先进、内容扎实的制度安排在人力资源产权实现过程中难以发挥应有效能，形同虚设，甚至造成负面作用。因此，探究可以使人力资源产权制度安排不断趋向完善高效的实施机制，寻求提升制度安排绩效的策略，就成为人力资源产权实现的制度安排过程中必须面对和解决的一个重大课题。

（一）提升人力资源产权制度安排的决策水平

决策水平的不断提升是优化人力资源产权制度安排的重要途径。一方面，要提升其设计水平。在设计任何与人力资源产权实现相关的制度安排时，设计者必须考虑到制度安排实施的成本等基本的约束条件以及制度实现的人文和社会基础，包括人们对于产权的基本概念及其心理态度，社会发展的阶段和水平、科技和文化状态等。在此基础上努力做到人力资源产权制度安排设计的科学性、效率性、完备性和可操作性。另一方面，要提升人力资源产权制度安排的决策水平。人力资源产权制度安排的决策方案及内容取舍必须在正确理论指导下和现实的基础上。同时，为减少导致无效或缺乏绩效的人力资源产权制度安排的决策，决策者必须考虑相关实施条件的可能性和相关实施手段的创设与配套，包括决策技术、管理水平、机构设置、产权信息、人力资源素质等。总的来说，为了最大可能地促进人力资源产权兑现的优质制度供给，必须坚持决策的制度化、公开化和科学化，在设计制度时坚持客观、效率、务实、完备的原则。

（二）提升人力资源产权制度安排的执行水平

良好的决策必须得到有力的执行。为了贯彻和执行人力资源产权制度安排决策，首先要建立和完善职责明确、运行高效的人力资源产权制度安排的执行机构。其次，为了解决制度安排和实施机制在运行过程中产生的费用问题，要保障足够的执行制度安排经费的投入力度。再次，考虑到制度安排执行者能力和素质的重要性，必须加强人力资源产权制度安排执行者的专业素养和职业精神培养，确保他们对于产权理论、人力资源理论和国家相关法律规范的基本认知，对有关于人力资源产权制度认识准确无偏差。最后，要保持人力资源产权制度安排较强的执行力度，使制度安排的违约成本不会在执行时降低，减少违约收益，维护人力资源产权制度安排的权威和尊严。因此，为了保证人力资源产权制度安排的有效实施和绩效的充分发挥，必须持续加强人力资源产权制度安排的执行力度和水平。

（三）提升人力资源产权制度安排的政府可信承诺

政府的可信承诺首先需要法律的保障，只有法律得到尊重和履行，政府的权威才值得信赖。作为政府对人力资源整体做出的庄严承诺，以宪法为核心的法律法规体系，以及合理安排的产权制度，有力地保护着市场主体的利益，在此基础上人力资源产权制度安排拥有了可靠而充分的保障。政府作为最重要的人力资源产权制度安排主体，保障人力资源产权制度安排实施的责任无可推卸，也无可替代，政府必须严格依法履行人力资源产权制度安排的法定职责，使人力资源产权各方对政府的功能和承诺深信不疑。政府必须维护人力资源市场的运行秩序，鼓励人力资源投资并提供创新创业的基本保障。

以宪法为核心的法律体系为人力资源产权的制度安排提供了环

境，提供了人力资源产权制度安排和实施的秩序和规范性行为准则，对于形成一个宏观、微观调适互动的制度体系十分重要。法律体系既可为人力资源产权制度安排提供上位的和基础的制度框架，也可为其不断创新预设方向和道路。如果政府政策频繁变动，缺乏保障人力资源实现制度安排的可信承诺，必然会使人力资源产权各方在人力资源活动过程中怀疑焦虑、裹足不前，最终使人力资源产权的制度安排因无法落实而逐渐被废弃。

第九章

宏观人力资源引进

人力资源已成为国家或地区竞争的基础性和决定性力量。从全球范围看，人力资源争夺战愈演愈烈；从国内来看，人力资源在经济社会发展全局中的战略地位越加凸显。习近平总书记提出，聚天下英才而用之，关键是坚持党管人才的原则，遵循社会主义市场经济规律和人才成长规律。当今，世界经济互相渗透，高度融合，我国发展必须站在全球高度，跳出国内谋发展，充分利用好国内外人力资源及人力资源市场。

人力资源是所有要素资源中最重要、最活跃的资源，国家或区域竞争最终取决于人力资源的竞争。党的十八大以来，习近平总书记站在党和国家事业发展全局的战略高度，对我国宏观人力资源工作作出一系列重要指示，深刻阐明新形势下宏观人力资源发展的重大问题，深刻阐述了宏观人力资源发展的重要性和紧迫性，明确提出了我国宏观人力资源工作的根本任务、指导方针和总体要求，对实施人力资源发展战略进行了全面部署，是新阶段我国宏观人力资源工作的行动纲领。党的十九大报告提出，要实行更加积极、更加开放、更加有效的人才政策，以识才的慧眼、爱才的诚意、用才的胆识、容才的雅量、聚才的良方，把党内和党外、国内和国外各方面优秀人才集聚到党和人民的伟大奋斗中来。这是我国加快确立人才优先发展战略布局，推动我国依靠人才制度自信，由人才大国迈向人才强国的政策保障。

“一带一路”倡议、创新驱动发展战略、“中国制造2025”等我国重大战略对人力资源的引进提供了强大的平台和载体。当前的人力资源引进必须从全球层面来理解和认识。人力资源引进是全球性的人力资源整合，根据国家发展战略将需要的人力资源集聚在一起。人力资源引进也是人力资源的一种配置方式，我国的“一带一路”倡议是我国全球性配置人力资源的重要组成部分和新的尝试。

我国为了加大国际人力资源引进，实施了一系列重大工程。国家“千人计划”自2008年启动以来，以抓紧吸引各类创新人力资源特别是我们最缺的人力资源为目标，发布了《国家引进海外高层次人力资源参考目录》，树立“高精尖缺”导向，实行精准引才、靶向引才，目前已分13个批次累计引进7 000余名海外高层次人力资源，带动各地引进高层次留学人力资源5.39万人。海外留学人员加速回流，海外人力资源积极承担国家和地方重大项目，在突破核心关键技术、推动战略新兴产业发展、带动新兴学科等方面发挥了重要作用。[①]

在新形势下全面系统研究人力资源引进具有重大的战略价值和实践意义。本章重点讨论人力资源引进的相关内容。

① 任采文. 聚天下英才而用之——学习习近平总书记关于人才工作的重要论述［JB/OL］. 求是，http://theory.people.com.cn/n1/2017/C703/c40531－29379599－3.html

第一节 人力资源引进的概念和特征

一、人力资源引进的概念

所谓人力资源引进，是指一个国家、地区或者部门、单位以经济、社会、文化等方式，从别的国家、地区或者部门、单位引进人力资源的活动。人力资源引进是有效发挥人力资源市场配置机制，从宏观层面和微观层面重新配置人力资源并促进人力资源合理流动的重要手段。本书所提的人力资源引进内涵不同于传统的概念界定，它不仅仅包括直接将国外人力资源全职引进到国内相关用人单位，而且包括我国高校、科研院所、企业等用人单位在海外建立办学机构、研发机构，开展以人力资源为核心的海外拓展运营，吸引使用当地优秀人力资源的形式，还包括“以用为本、不求所有、但求所用”的人力资源柔性引进形式。人力资源引进的内涵和外延都发生了根本性的变化，只要是符合国家发展战略的外部人力资源的开发、配置和使用，都可以称为人力资源引进。

经过几十年的改革开放，我国正面临着经济社会的全面转型升级，其中最重要的是人力资源要素，大力引进世界范围内的优秀人力资源具有重大的战略意义。我国自进入经济新常态后，以提高质量和效益为中心，以产业转型发展为主攻方向，坚持依靠人力资源实现创新驱动发展，加强以稀缺性为特征的高端人力资源引进，有效促进和引领了经济发展。党的十八届三中全会做出了“要让市场在资源配置中起决定性作用，同时也要发挥政府的作用”的重要论述。这为厘清政府与市场的关系提供了科学论断。作为资源要素中最重要的人力资源，其配置也离不开“市场之手”的作用。

党的十八大以来，在人力资源集聚问题上，我国明确提出了“聚天下英才而用之”的总体方针，着力研究了如何加强我国人力资源制度体系在全球的竞争力问题，取得了巨大成就。教育部数据显示，我国的留学归国人员比例已经从2012年的72.38％增长到了2016年的82.23％。据统计，在国家重点项目学科带头人中，70％以上由海外留学归国人员担任。①

我国政府正积极创造条件，紧紧围绕国家或地区的产业发展，建设产业高端人力资源集聚高地，实施特色人力资源项目，开发产业创新人力资源，努力形成高端人力资源引领产业、产业集聚人力资源的良性循环。

二、人力资源引进的特征

通过对人力资源引进的分析，本书认为人力资源引进具有动态性、持续性、外生性和条件性等特征。

（一）动态性

动态性是指一个国家或地区引进的人力资源数量和结构不是一成不变的，会随着国家或地区经济社会发展的变化而变化。由于一个国家或地区的经济社会处于不断进化过程中，每个阶段需要的人力资源的数量会有较大的变化。根据人力资源总需求的变化，动态调整引进人力资源类型和人力资源引进政策，可以更好地满足经济社会发展需求。人力资源引进既受到人力资源个体基本素质，人力资源本身技能的广泛性、先进性和人力资源的社会关系等微观因素影响，也受到宏观人力资源政策、社会管理制度的影响。

① 王萌，彭训文. 砥砺奋进的5年：中国梦激荡归国潮。人民网—人民日报海外版，2017—08—25，http://cpc.people.com.cn/n1/2017/0825/c412690—29493361.html

随着以“千人计划”为代表的一批高层次人力资源计划的实施，我国在人力资源引进方面有了明显进步。但在我国经济转型升级、上海自贸区建设、“一带一路”倡议实施等系列背景下，各行各业对人力资源依旧有着极大渴求。我国人力资源引进需要根据不同层次、不同计划、不同区域、不同领域的要求，制定不同的引进条件，提供多样的引进渠道。例如，对于创业人力资源强调其自主知识产权、发明专利、技术成果、市场潜力方面的考察，要求填补国内空白并可以产业化运作优先，拥有海外创业经验或在国际知名企业中担任高管以上职位优先。为吸引不同层次人力资源回国或来华创业，除“千人计划”之外，提供包括“高层次人才特殊支持计划”“长江学者奖励计划”“创新人才推进计划”“国家杰出青年科学基金”“百人计划”在内的多种引进渠道。

（二）持续性

持续性是指人力资源引进后发挥作用的时间长短。人力资源生态环境对人力资源引进的持续性影响重大。所谓人力资源生态环境，是指影响和决定人力资源配置、使用、激励的各种因素的总和，是人力资源存在其中，赖以生存和发展的社会和经济关系的综合体。可以从硬环境和软环境两个方面来分析，所谓硬环境就是影响人力资源发展的较为刚性、具体、有形的条件和要素，包括宏观的经济和法律环境，微观的工作和生活环境等；所谓软环境就是影响人力资源发展的较为柔性、抽象、无形的条件和要素，包括宏观的文化和体制环境，微观的团队合作环境、人际关系环境等。为了确保我国人力资源引进的持续性，我国政府持续加强国际人力资源引进的顶层设计。党的十八大明确提出加快确立人力资源优先发展战略布局，把各方面优秀人力资源集聚到党和国家事业中来；十八届三中全会围绕全面深化改革，对建立集聚人力资源体制机制作出部署；十八届四中全会提出推进全面依法治国，将人力资源发展纳入法治建设轨道；十八届五中全会部署深入实施人力资源优先发展战略，加快迈进创新型国家和人力资源强国行列；十八届六中全会提出推进全面从严治党，为人力资源发展提供了坚强政治和组织保证。中央政治局常委会、中央全面深化改革领导小组会议以及中央人才工作协调小组会议，多次研究人力资源议题，做出重要决策部署，推动人力资源工作奋力前行。党中央运筹帷幄、总揽全局，把人力资源发展纳入全局统筹谋划，更好地服务“五位一体”总体布局和“四个全面”战略布局，为人力资源事业发展提供了强劲动力。

（三）外生性

外生性是针对一个国家或地区而言的。外生性是指由于人力资源引进而带来的人力资源结构、人力资源质量和人力资源环境优化，最终影响经济效益和社会效应的提升。人力资源引进属于外生变量，将对引进地区的人力资源体系的正常运转产生正向或负向影响。如果引进的人力资源能有效激发原有人力资源的潜力和积极性，人力资源引进就产生正向影响；否则，将极有可能产生消极影响。

我国人力资源引进的正外部性积极显现。我国人力资源规模、科技人力资源以及研发人员数量等指标居全球首位、创历史新高。我国人力资源创新能力明显增强，科研水平从跟跑向并跑、领跑转变，创新成果从量的增长向质的提升转变，涌现出量子调控、中微子振荡等一大批基础研究重大原创性成果。载人航天、探月工程、深海潜器、超级计算等战略高技术领域取得重大突破，高铁、4G移动通信、核电、新能源汽车、杂交水稻等重大创新成果加速应用。我国在全球人力资源和创新版图中的位势大大提升。2016年全社会研发（R&D）支出预计达到15 440亿元，占GDP比重为2.1%，企业占比78%以上；全国技术合同成交额达11 407亿元，科技进步贡献率增至56.2%，创新型国家建设取得重要进展。[①]

（四）条件性

条件性是指一个国家或地区要想引进人力资源需要一系列条件。引进人力资源除需要一定的经济条件和物质条件外，还需要提供能充分发挥人力资源才能的平台，以及人力资源评估、引进、配置使用、培养、激励等各方面的制度和政策，实现人力资源的充分利用，激发人力资源工作积极性和潜力、释放人力资源引进的制度条件。

为了吸引国际人力资源，我国政府加大人力资源引进的体制机制改革力度，采取更积极、更开放、更有效的人力资源政策。2008年12月，《中央人才工作协调小组关于实施海外高层次人才引进计划的意见》由中央办公厅转发，这份文件就是著名的“千人计划”的始端。为加大对海外青年优秀人才的吸引，为我国健康发展提供可持续的动力源泉，2010年12月，《青年海外高层次人才引进工作细则》由中央人才工作协调小组通过下发，“青年千人计划”由此启动。2015年，为解决各地引才政策不一、各地之间出现人才争夺

① 2016年我国科技进步贡献率达56.2%，http://news.xinhuanet.com/tech/2017－01/11/c_1120284794.htm

且资源和信息难以共享的问题，国家层面对55项省部级人才引进计划进行了整合。2016年2月，中央印发了《关于加强外国人永久居留服务管理的意见》，3月，中央印发《关于深化人才发展体制机制改革的意见》，提出要不唯地域引进人才，不求所有开发人才，不拘一格用好人才，确保人才引得进、留得住、流得动、用得好。2017年4月，外国人来华工作许可制度在全国范围内启动实施。

我国海外人力资源进入快速集聚期，人力资源国际竞争力进一步提升。我国不断完善柔性引才政策，坚持以用为本，不求所有、但求所用。我国政府专门立法增设人力资源签证，调整永久居留申请条件、简化手续、落实资格待遇，在上海、广东、北京、福建等地实施出入境政策试点，外籍高层次人力资源来华之路更通畅、更便利。

当前，我国人力资源引进工作除了具备上述人力资源引进的普遍特征外，还具有鲜明的时代特征。首先，人力资源引进的渠道从政府主导向市场主导转变。在专业人力资源服务机构非常缺乏和弱小时，人力资源引进活动往往由政府相关部门主导。随着市场机制的不断成熟，专业人力资源服务机构不断出现并逐渐壮大，作用越来越重要，人力资源的引进应该更多地交由人力资源服务机构根据市场规律进行市场化的运作。其次，人力资源引进的手段从单一、孤立和机械转向丰富、系统和灵活。包括宽松舒适的制度和人文环境在内的宏观综合环境的改善，对人力资源吸引的效果越来越明显，今后，我国应进一步建立立体化、协同化、网络化的人力资源引进机制，以最大限度满足各种类型和层次优秀人力资源的差异化需求。最后，人力资源引进的理念和节奏开始从被动的弥补短缺和弱项转向主动引导战略人力资源汇集，确保国家战略实现。对于高端人力资源的引进，从原来的适应产业发展需求的被动补缺性引进，向“以高端人力资源引领产业发展”方向转变，努力形成高端人力资源引领产业、产业集聚人力资源的良性循环。

根据上述特征，同时为了更好地激发人力资源活力，我国必须充分发挥市场的作用，推动地区之间的人力资源沟通与合作，使各方资源、信息、服务可以有机整合，实现一体化运作，必须改革现行相对割裂的人力资源管理体制，主动破除无意义的人力资源流动藩篱，以合作共赢的胸怀构建市场化、信息化、一体化的人力资源流动机制。

第二节　人力资源引进的理论基础

一、国外人力资源引进理论

人力资源引进是人力资源市场资源配置的结果。对于人力资源在国际流动的现象，国内外学者曾尝试从多个层面加以解释，形成了一系列有代表性的理论模型：社会层面的人力资源流动理论主要有配第—克拉克定律（Padi—Clark Law）、效率性人力资源流动理论、人力资源结构调整理论；组织层面的理论包括马奇西蒙模型（March Simon model）、普莱斯模型（Preiss model）、莫布雷中介链模型（Mobley intermediary chain model）、人力资本流通决策模型、人力资源流动组合决策模型；个体层面的人力资源流动理论有“推—拉”理论、勒温（Lewin）的场论、卡兹（Katz）的组织寿命理论、综合报酬理论、目标一致理论等。

二、国内人力资源引进思想

改革开放以来，我国人力资源引进思想不断发展和创新，体现了强大的生命力。我国几代领导集体所创立和不断发展的人力资源引进思想是一个理念一致、一脉相承的思想体系。它以马克思列宁主义、毛泽东思想的精神内核为基准，既吸取了现代人力资本理论发展的理论思想和实践成果，又集中反映了我国发展变化对人力资源引进工作的需求，指导了我国人力资源引进工作的开展和进取。

邓小平理论关于人力资源引进和使用的思想，为改革开放事业吸引优秀人力资源共襄盛举提供了精神指引，创造了优秀人力资源干事创业的良好环境，邓小平理论关于人力资源引进的思想主要内容包括：人力资源引进的必要性、迫切性、基本内涵、视野和方位、重要原则、方式方法、重点和对象等，以及如何更好地发挥专家的作用、人力资源引进和自主创新的关系、人力资源引进与两个文明建设的相互关系。

“三个代表”重要思想，对人力资源引进的思想和做法进行了创造性发展，提出了一系列推动人力资源引进工作走向新阶段的重要思想。其主要内容包括：明确“人力资源是第一资源”，对人力资源引进工作的出发点和落脚点进行科学定位，进一步明确对外开放与引进人力资源的关系，高度评价新时期人力资源引进的重要作用，明确提出“大胆吸收和借鉴”“赢得比较优势”的重要思想，深刻揭示创新的重要意义及其与人力资源引进的重要关系，建立人力资源引进的激励机制，明确利用“两种资源、两个市场”，强调坚持“相互尊重、平等互利”“趋利避害，掌握主动”的引进原则。

党的十六大以后，科学发展观有力促进了人力资源引进工作的新局面。其主要理论进展包括提出人力资源强国战略，树立科学的人力资源观，强调人力资源引进对于人力资源战略实现的重要性，深刻阐明人力资源引进对新时期改革开放与和谐社会建设的独特作用，全面阐述新阶段人力资源引进工作应当遵循的“以我为主、按需引进、突出重点、讲求实效”的方针原则，深刻揭示新阶段人力资源引进不断创新的努力方向，进一步明确新阶段人力资源引进的工作重点，提出契合现代科技进展、国际惯例和时代特点的人力资源引进的新方式新方法，大力推进新阶段人力资源引进工作的法制化进程。

党的十八大以来，以习近平为核心的党中央高度重视人力资源引进工作，提出择天下英才而用之，关键是坚持党管人才的原则，遵循社会主义市场经济规律和人才成长规律。习近平总书记从治国理政的基本规律、时代发展的基本趋势、伟大中国梦的实现以及改革开放事业深入推进等高度，对引进国外人力资源和智力工作进行了一系列重要论述，全面、系统、深刻阐述了引进国外人力资源和智力的意义地位、方针原则和工作方向等重大理论和现实问题。提出广泛引进人力资源是实现伟大中国梦的重要人才智力支撑，引进国外人才和智力是我国应该长期坚持的重要战略方针，我国要永远做一个学习大国，遵循国际人力资源流动规律，更好地发挥用人单位的主体作用，开创人力资源引进工作新局面。习近平总书记有关人力资源引进的系统讲话是在新的历史起点上做好人力资源引进工作的基本指针。

第三节　人力资源引进的原则

随着全球经济一体化、信息技术和互联网技术的迅猛发展，人力资源作为经济社会发展的第一资源的作用越来越明显，人力资源的国际竞争日趋激烈。虽然如此，人力资源引进仍需遵循一定的基本原则；否则，人力资源引进的效用和效能将会受到影响。

一、以实际情况为基础

参考国外人力资源引进的经验，发现美国、新加坡、印度等国在人力资源引进的政策制定与措施实施过程中已经形成了自己的特色。

美国基于自身多元的社会文化和非常宽松的制度环境，在制定移民政策时倾向于采取比较包容的、以市场需求为主导的做法。新加坡则从国内高层次人力资源严重缺乏的现实出发，非常重视引进国外人力资源，为此成立了具有专门职能的人力资源服务机构。印度长期以来也是高科技人力资源外流严重的国家，为了遏制人力资源的流失并吸引外国人力资源，印度采取对等承认双重国籍的做法，取得了较好的效果。这些国际经验表明人力资源引进策略的制定必须考虑国家发展的战略、文化等因素并不断调整，与时俱进。

二、依法引进人力资源

人力资源引进及相关政策待遇需要依据相关的法律法规，为引进的人力资源提供良好的预期，避免人力资源引进的人治化倾向。因此，需要构建有利于人力资源引进的法律体系，优化相关法律环境，加强执法力度。从国家战略高度规划指导人力资源引进的政策文件，出台并不断完善外国人在我国的工作和生活管理条例，参考国际经验探索技术移民管理办法，加强法律和制度环境的规范性、透明性和可预测性。尽量简化包括签证在内的外国人力资源入境手续，逐步实现外国人力资源在我国的国民待遇，落实有关保障外国人力资源合法权益的政策细则，不断加强我国人力资源引进制度的国际竞争力。

三、高效的人力资源引进渠道

人力资源引进的渠道应该避免形式化而尽量追求高效，这样可以更大程度保障引进人力资源的充沛而不匮乏。从国际经验看，人力资源引进比较成功的国家都是结合国家自身特点，选择适合自己的引进渠道。美国引进人力资源的一个主要做法是成立国家猎头，对于敏感行业和领域的人力资源，国家猎头会委托专业猎头公司进行专门搜寻，同时跨国公司针对外国人力资源的直接招聘和高校对于外国专家和留学生的吸引也是引进外国优秀人力资源的重要途径。新加坡为了吸引外国优秀人力资源，也成立了专门从事人力资源引进的人力资源服务机构，构建世界范围内的引进网络，用之宣传新加坡的引进政策，发布需求清单。印度把 IT 行业看作印度崛起的希望，通过设立计算机科技园区，提供特殊优厚的政策，吸引国内外优秀科技人力资源来发展。

四、以用为本，灵活引进

当今世界已进入资源共享时代，“不求所有，但求所用”已成为人力资源引进的共识。我国经济转型发展需要有各种类型的高端人力资源，鉴于全职聘请海外高端人力资源的条件还不成熟的客观现实，可按照以用为本原则，尝试采取“不求所有，但求所用；不求常在，但求常来”的各种灵活的柔性引才机制，采取特聘、兼职、专利或技术入股等形式引进各类高端人力资源，用其所长，补己之短，为进一步大量引进海内外优秀人力资源创造“滚雪球”效应和网络效应。引进一个高端人力资源，凝聚一个团队，带动一个产业。近年来，许多地方对引进的海外高层次人力资源大胆使用，聘请国际一流的产业领军人力资源，放权让他们招聘海外人力资源，形成了海归引海归、海归带海归的人力资源引进模式。

五、发挥市场和政府的协同作用

人力资源的引进，特别是高端人力资源的引进，需要充分了解高端人力资源的需求和关注点。高端人力资源不仅仅看重薪酬，而且看重一个国家或地区的创业就业环境、自然环境、社会人文环境，还非常重视个人成长和发展的平台和机会。人力资源作为最核心的资源要素，是决定经济效率的关键因素，而市场是配置资源最有效的机制。因此，高端人力资源、技术人力资源的引进，无论从标准、引进机制，还是从引进后配套服务机制发展来看，都应该更多地利用市场机制；同时，更好地发挥政府的作用。

第四节　人力资源引进的构成要素

一、人力资源引进主体

从机制和主导角度看，人力资源引进主体是人力资源引进的委托者、需求者和使用者。人力资源引进主体是多元化的，包括政府、中介机构和用人单位。随着知识经济的到来，各国政府及各级地方政府越来越重视人力资源的引进，成为人力资源引进的宏观主体。

从国际经验看，政府和市场是人力资源引进的两个主要主体。美国由于市场经济非常发达和完善，因此人力资源引进主要是由市场来完成的，而政府更多的是提供服务和基于国家利益的一些政策引导。新加坡作为一个城市国家，政府的功能和作用是非常强大的，人力资源引进也主要由政府来主导。所以市场和政府在人力资源引进中所扮演的角色和发挥的作用与各国市场经济发展阶段和状态有关。市场经济成熟的国家各种层次和类型的人力资源市场也都比较健全，各种专业人力资源服务机构机制成熟、运作高效，诸如职业经理人市场、熟练劳动力市场、专业技术人力资源市场等，各自服务于某一细分市场的需求，使人力资源引进工作得以顺利开展。新兴国家和发展中国家的人力资源市场机制、人力资源服务业有待发展，政府必须借助自己社会公共事务管理者的特殊地位，在宏观人力资源规划以及调节宏观人力资源需求和供给方面发挥主导作用。我国的地方政府也是人力资源引进的重要主体。各地政府由于经济社会发展的竞争性需要，从而产生了大量人力资源需求，在本地无法短时间内培养出合格人力资源的情况下，会制定优惠的人力资源引进政策。用人单位是人力资源引进的重要主体，也是人力资源发挥作用的重要载体。全球的跨国企业在人力资源引进方面，往往会进行巨额投资。

二、人力资源引进的管理机构

各国人力资源引进的管理机制有较大差别。美国的人力资源引进主要由移民局主管，并未设立专门的职能机构，国务院和劳工部给予协作和监督。移民局与人力资源引进有关的主要职责是对移民事务进行综合管理，帮助国家鉴别和引进符合国家需求的人力资源；劳工部负责对外国人力资源进入美国工作的资格进行审查、身份登记，发放工作准证等；取得工作许可的外国人力资源由国务院为其发放签证。新加坡主要由经济发展局、国际人力资源小组、世纪科技企业家委员会、吸引国外人力资源委员会等部门负责人力资源引进和管理。我国人力资源引进的管理机构主要包括国家人才工作领导小组办公室、外国专家局、人力资源和社会保障部。

为了更好地吸引全世界优秀人力资源，我国有必要建立移民局。北京的国际人口比例是0.5%，中国香港、东京、纽约、日本都是百分之几十，巴黎也有很高的比例，新加坡是40%。[①]我国不仅要从13亿人里面选人才，更要从全球70亿人里面选人才。我国政府现在的人力资源引进机构已不能满足未来人力资源引进工作的需要，建立移民局可以更有效、更专业地引进我国发展所需要的各类人力资源，真正实现习近平总书记所说的“聚天下英才而用之”。

三、人力资源引进对象

每个国家在引进优秀人力资源时，都是从本国实际需求出发，所以不同国家引进人力资源的重点也会随着需求不同而有较大差别。美国着眼于全球精英的网罗，对国别、种族、宗教等没有任何限制，体现了最大的包容性。新加坡则从民族构成比例的角度考虑，坚持从相对固定的国家和地区吸引和选拔人力资源。印度由于外流人力资源很多，所以目前仍以召回印裔高科技人力资源为主要工作内容。我国人力资源引进对象既包括我国海外留学人力资源，也包括其他国籍的、符合地区经济发展需要的人力资源。总体来看，近年来，我国海外留学人力资源归国数量快速增加，归国人力资源层次不断提高，归国服务活动日趋活跃，在我国高新技术产业发展和科技创新中发挥了重要作用。目前，我国已通过“千人计划”引进海外高层次人才6 074人，其中创业人才811人。我国还

① 王辉耀. 中国若想回到八面来朝的唐代繁盛期，先得建个“移民局”，http://pit.ifeng.com/a/20161115/50259816_0.shtml

通过“长江学者奖励计划”支持高校聘任具有海外工作或学习经历的高层次人才。党的十八大以来，这一人群总数已达1 094人。目前，我国70%以上的高水平大学校长、80%以上的两院院士、90%以上的长江学者入选者，都有海外学习或工作经历。[①] 其中很多人的研究水平在同领域中处于世界领先或前沿，有些掌握了成熟的、可以快速进行产业转化的科技成果和专利，有些在欧美发达国家的知名高校、科研机构和跨国公司中有着丰富的工作经验，还有一部分是40岁以下青年中的拔尖人才，有成为学术或技术带头人的发展潜力。但是，与建设创新型国家对各类高层次人力资源的迫切需求相比，我国的人力资源引进工作力量还不够集中、力度不够大、政策不够完善，引进人力资源的数量和质量都有待提高，特别是要引进一批国际一流的战略科学家和科技领军人力资源。这都需要我们解放思想，抓住机遇，提出更有力的政策措施，加大海外高层次人力资源的引进力度。

四、人力资源引进的实施者

从操作和使用角度看，人力资源引进的实施者是人力资源引进必不可少的重要基础因素。在人力资源引进过程中对人力资源引进对象起着沟通、联系等作用。人力资源引进的实施者包括政府相关部门、中介结构和用人单位。政府相关部门既包括中央和地方政府相关部门，一些重大的高端人力资源工程项目，往往是由政府相关部门负责实施。有些国家的人力资源市场不是很发达，政府相关部门也往往承担了实施者的角色。人力资源中介结构既包括政府创办

① “千人计划”从海外引进6千余人 800人创业，http://china.caixin.com/2017－03－02/101061076.html

的中介机构，也包括私营中介结构。在人力资源市场十分发达的国家或地区，人力资源中介机构的专业化和市场化水平越高，越有利于发挥市场机制在人力资源引进中的决定性作用。用人单位有时候也是人力资源引进的实施者，特别是无法通过政府部门和中介机构获取本单位急需的人力资源时，用人单位可能亲自去搜索和获取所需的人力资源。由于用人单位对所在行业的情况比较了解和熟悉，他们引进人力资源的效率和精准性反而会比较高。

五、人力资源引进的经费来源

为了引进优秀人力资源，世界各国都进行了大量投入，为人力资源提供优厚的工作待遇、巨额的研究经费、良好的工作环境、完善的后勤保障等。许多国家对于青年留学生也提供了许多种类的助学金、奖学金等，吸引更多的留学生来本国学习。各国人力资源引进经费的渠道来源各不相同。

美国主要由市场融资机制自行筹集资金，其中包括政府财政支出经费、企业人力资源发展基金、各种基金会和民间的捐款和资助等。美国政府通过制定引导社会资本投入的政策法规并为重点项目划拨财政经费，来保障资金的充足且及时到位。新加坡和印度这样的国家政府，其功能和角色就更加丰富和重要，承担了人力资源引进资金的主要部分。比如印度政府投资数亿美元建设供海外回国人力资源工作的科学城；新加坡政府着眼于打造区域性高科技中心，帮助小企业采用新技术，为员工再培训提供支持，其对国际人力资源的吸引及发展能力排名亚洲之首。

我国政府也是国家人力资源引进经费的主要来源，《国家中长期人才发展规划纲要（2010—2020）》明确要求实施促进人才投资优先保证的财税金融政策。近年来，我国从中央到地方的各级政府对人力资源引进方面的经费都实行了优先保证，对涉及引进人力资源的科技、教育、卫生方面的经费支出逐年增加，增长幅度高于财政经常性收入增长幅度。保障人力资源引进重大工程和项目经费的需求，在重大科研项目中，安排适当经费用于有效人力资源引进，鼓励和支持央企和大型私营企业设立人力资源引进和发展基金。

六、人力资源引进的政策法规

为吸引全球稀缺的高层次人力资源，各国都制定了多样化的人力资源引进政策，包括国籍政策、居留和居住政策、创业政策、留学政策等。

从政策选择的倾向和重点看，美国作为世界上最发达的国家，在引进人力资源方面具有得天独厚的优势，美国主要借助其发达的市场经济来运用市场手段引进人力资源，其出入境管理政策、移民签证政策、绿卡政策等保障了国家人力资源需求的满足。新加坡以政府政策指引人力资源引进工作，以政策吸引和使用为主，辅以准入条件的严格鉴别。作为发展中国家的印度囿于市场发展的欠缺，制度、文化方面的弱势，企业实力的差距，主要靠以优厚待遇为主要内容的引进政策来实现有效人力资源的引进。

我国人力资源引进的政策、规定、办法较多，人力资源引进的法律建设还有待完善。各地区为了推进人力资源引进工作，结合本地的人力资源存量和经济发展需求，制定了一系列人力资源引进的机制和政策。虽然可以解决当时的人力资源引进需求，但往往缺乏长效性，极易发生变化，对人力资源缺乏有效的法律预期。从 2015 年 9 月至今，系列新规不断，地方的各类创新型举措更是发挥地方吸引人才之所长。2017年的《外国人永久居留证件便利化改革方案》更是被视为我国近年来在这一领域的重大突破。近年来许多在我国居住已久，有着浓厚中国感情的外籍高层次人才，就是在这样的背景下成功“领卡”的，且“绿卡”能够发挥的功能也已经远胜从前。

第五节　人力资源引进的模式

模式就是解决某一类问题的方法论，是人们在生产生活实践当中通过积累而得到的经验的抽象和升华，把解决某类问题的方法总结归纳到理论高度。人力资源引进模式是指政府和用人单位在人力资源引进过程中所采取的方法的理论总结。

一、政府主导型人力资源引进模式

当前世界经济仍处于危机后修复调整、筑底企稳阶段。发达国家有效需求不足，复苏步伐放慢；发展中国家结构调整艰难，下行压力加大。各国为了促进本国经济发展和综合竞争力，对人力资源，特别是高端人力资源的引进竞争日趋激烈，优秀人力资源的国际争夺进入一个新的阶段。世界各国的人力资源引进是其参与国际人力资源竞争时国家意志的体现，因为国家的人力资源引进必须是由国家设计和主导的，国家战略和政府工作的框架内应包含人力资源引进的原则、目标、政策等内容。只是由于不同类型国家的具体国情不同，而采取了不同的人力资源引进模式。

我国根据当前的国情和经济发展阶段，采用政府主导型的人力资源引进模式。在这种模式下，人力资源引进工作被纳入政府重点工作，并将人力资源引进作为考核政绩的一项指标。政府开始成立统一机构、制定统一政策，直接介入人力资源引进工作，政府人力资源部门成为各种重要交流活动的主角，是推动人力资源引进工作的主要力量。政府成立或控股主要的人力资源中介机构，从事的服务包含了日常人力资源市场、人力资源派遣、人力资源猎头等，政府中介机构在人力资源引进工作上发挥了主力军的作用。在人力资源引进工作中，政府对于人力资源引进的公共投入具有决定作用，在人力资源引进的公共投入上是以政府人力资源目标为导向，而不是以市场的需求为出发点。在人力资源引进过程中，各级政府既要发挥主导作用，也在一定程度上发挥着主体作用。

人力资源引进过程中要涉及组织和管理机构的设置、规划的制定和执行、项目的审批、经费的拨付、渠道的开拓等很多事项，这些事项由国家主导和举办效率最高、效果最好。我国的“千人计划”之所以运行取得了显著的成绩，正是因为它是由国家主导和强力推行的重点工程。离开了政府的支持、组织、协调和投入，以“千人计划”为代表的一系列人力资源引进工程都不可能取得这样的成果。

二、市场引导型人力资源引进模式

市场引导型人力资源引进模式是以用人单位实际需求为导向的，以市场专业人力资源机构作为人力资源引进开发的桥梁和纽带的，体现市场化、专业化、立体化、区域一体化要求的开放式人力资源引进模式。市场引导型人力资源引进模式是人力资源引进发展的必然趋势，在这种模式下，市场专业人力资源机构将实现充分的竞争，企业通过法律合同形式与市场专业人力资源机构开展合作。各级政府部门在人力资源引进工作中起到宏观调控作用，并不介入直接的人力资源引进和中介服务工作中，在工作中将更多的视点放在人力资源平台建设、人力资源中介管理等制度建设方面。例如，西方发达国家由于具有完善的市场调节机制，政府负责总体方向的引导，由市场机制完成人力资源引进的具体环节，用人单位是人力资源引进的主体，主导作用与主体作用分离是其基本特点。我国许多地方的人力资源引进，也在逐渐从政府主导型转向市场引导型人力资源引进模式。

三、人力资源柔性引进模式

人力资源柔性引进模式是相对刚性引进人力资源而言的，指在不改变人力资源个体的国籍、户籍和身份，不改变人事关系的前提下，以提供智力服务为核心，突破工作时间、地域、方式的制约，使个人意愿和用人单位需求有机结合、实现共赢的人力资源引进方式。人力资源柔性引进模式的基本原则是“不求所有，但求所用；不求常在，但求常来”。人力资源柔性引进模式的出现是社会发展的必然趋势。随着国家经济的快速发展，人力资源竞争显得尤为激烈，要想在人力资源竞争中出奇制胜、抢占先机，关键在于以更实用、更有效的人力资源引进方式来满足用人单位对人力资源的需求。从国际层面来分析，目前，支付与国际水平相当的薪酬水平，对我国多数企业来说还是比较困难的，与国际人力资源签订长期的合作契约对双方都不是最优选择。我国需要的一些人力资源也有可能不愿意放弃他国国籍和待遇，因此，人力资源柔性引进模式应运而生，有效满足了用人单位和人力资源个体的需求。从国内来分析，我国人力资源大多集中于北京、上海、广州、深圳等一线大城市，经济欠发达地区或交通闭塞的偏远地区对人力资源吸引力较差，这就导致这些地区对一些高端人力资源长期存在“人力资源引不进、留不住、用不好”的困境。柔性人力资源引进模式将有效解决这些障碍。通过兼职、咨询、讲学、短期培训、合作经营、专利技术转让、入股投资、科研和技术合作、承担项目或课题研究、技术攻关等途径可以实现人力资源柔性引进目的。

第十章

宏观人力资源保障

第一节　宏观人力资源保障的概念与体系构成

一、宏观人力资源保障的概念

理论界通常把保障看作一系列用于完善公众社会福利的制度体系，旨在保护人们免受个人和家庭疾病、不幸以及失业、死亡等而导致的生活水平下降或生活困难，手段包括公共服务、社会保险、福利保健和家庭补助等。同时，不同国家对于保障概念理解的侧重也不尽相同。美国学者主要从维护生存和发展安全角度考虑，认为保障是社会应对民众在收入、支出、教育、意外等方面发生困难时的资助和补贴。英国在政策体系里把保障作为国民收入二次分配的一种手段，突出普遍享有的原则。法国从社会公平与安全的角度，强调要为失去工作能力的人提供生活保障，使其有重新振作的机会。国际劳工组织认为保障是一项社会文明成果，是通过一整套具有协同性的政策和有力措施而达成的，对因失业、年老、疾病而无法继续获得收入，乃至无法维持生计的民众在物质、金融、医疗及教育支持等方面的帮助。我国从政府职能的角度把保障看作一系列维护民众基本民生、保持社会安定的事业总称，包括公共服务、社会保险、社会救助、社会福利等。

所谓人力资源保障是从维护人力资源生产和使用期间切身利益，确保人力资源的基本工作和生活权利，优化人力资源就业质量，提高其福利水平，促进人力资源合理流动，塑造人力资源公平竞争和发展的良好环境角度，依法设定的一系列管理和服务制度总和。人力资源保障更直接和简练的含义可以理解为，使因他力或自身各种原因陷入困境的人力资源及其组织尽快摆脱困境，重新开始正常运行的一系列支撑体系。从内容上看，人力资源保障担负着人力资源从进入到退出人力资源市场，以至于生命结束之前全过程、全方位的权利保障。包括确认身份和地位权利的身份保障，法定的经济和产权方面的利益保障，发展人力资源能力和技能的教育保障，维护人身安全和健康的安全保障和医疗保障等。人力资源生产和再生产是经济社会发展的基础，是宏观人力资源管理的基本要求，也是人力资源保障所要实现的基本目标。在此基础上，人力资源保障的功能和作用还包括促进人力资源的优化配置，改善人力资源的工作和环境条件，提供更具激励性的福利和保险体系，确保人力资源在遭受各种困境时可以得到政府以及社会物质和精神方面的关怀和帮助，以抵御各种社会风险。进而帮助人力资源增强抵抗风险的能力，走出困境重回社会，为社会贡献远超其保障费用的价值。

二、宏观人力资源保障体系的构成

根据保障的不同性质，宏观人力资源保障可以分为人力资源法律保障和人力资源经济保障。所谓法律保障，就是从法律规定的强制性角度，给予人力资源的法定救助。所谓经济保障，就是国家和社会从维护社会稳定和发展角度，为人力资源提供的经济方面的保险、福利等保障。

（一）人力资源法律保障

人力资源法律保障是人力资源保障体系中最可依赖的部分，因为其以法律规定的强制性和权威性作为执行的依据，其主体是涉及人力资源的法律救济的相关规定。

法律保障主要是依据法律规定来处理涉及人力资源的权利冲突，保护人力资源在生产、使用和配置时的合法权益。当劳动者认为自身权益受到损害时，可以寻求法律途径来解决问题。当前，我国的劳动法律体系越来越健全，对于维护人力资源权益的条款越来越完备和清晰，执行情况越来越彻底，人力资源权益不断扩大，劳资关系不断改善。虽然也面临一些新型宏观人力资源管理和保障的问题，但整个社会对于法治解决纠纷的意愿越来越强烈，对于人力资源法律保障体系的认可度越来越高，这是宏观人力资源管理的重要进展之一。人力资源法律保障的局限是只能对已经发生的损害进行救济和补偿，如果侵权还没有发生，就不能采取措施，无法未雨绸缪，这也是法律体系的基本特征，难以改变。但是对宏观人力资源管理的实际过程来说，防止侵权和损害的发生，意义更为积极，所谓防患于未然，所以司法和仲裁系统能否主动作为，防止和减少给人力资源和企业带来损失的事情发生，应该是人力资源法律保障今后探索的重要方向。

（二）人力资源经济保障

人力资源经济保障的内容非常丰富，涵盖各个角度对人力资源的经济帮扶，其主体是覆盖面最为广泛的社会保险制度。完善的社会保险制度意味着人力资源群体不会因为意外、年老、失业、疾病等状况而导致无法生存，其损失可以得到一定程度弥补，基本生活可以维系。社会保险的对象是所有符合法定领域的坚持缴费的人力资源，社会保险的资金来源于国家补贴、企业和个人缴费，具有一定的强制性。在我国，社会救济和社会福利分别是人力资源保障体系的最低层次和最高层次。所谓社会救济是人力资源保障要实现的最低目标，也就是满足因不幸而失去劳动能力完全无收入的人力资源的最低生活需求，其基本特征是救济贫弱、扶助孤老，由国家和社会组织提供大部分资金。社会福利是人力资源保障的高阶追求，力求增进人力资源的普遍福利，改善其物质和精神状态，主要内容是以国家为主体兴办的为人力资源提供各种社会服务的公共设施，保障必要福利的集体事业，为扶助对象发放的津贴补助等。此外还包括社会优抚和互助制度等保障人力资源特殊需求的制度设计。社会优抚是以优待和抚恤为特征的对军人、烈士及其家属进行的安排和照顾，体现了国家义务；社会互助是由政府批准并支持的社会成员之间自愿结合起来的以扶危济困为目的的互帮互助活动。

第二节　人力资源保障的原则和功能

一、人力资源保障的原则

（一）公平与效率相统一原则

公平与效率对立统一。党的十八大提出，初次分配和再分配都要兼顾效率和公平，再分配更加注重公平，而人力资源保障就属于再分配的范畴，要特别关注保障的公平性，这是由人力资源保障的基本内涵决定的，但同时也要讲求资源使用的效率提升，为人力资源提供更多的保障。所谓公平指的是公共平等，即所有参与者享有平等的机会、权利、程序和结果；所谓效率主要指的是投入产出比的问题，包括生产效率、配置效率、产出效率等。人力资源保障要在公平维护所有合法劳动者权益的基础上，不断改善工作流程，提高资金使用效率和效益，为人力资源工作生活和经济社会稳定发展提供更好的保障。

（二）权利与义务相对等原则

人力资源保障的各个参与方，包括政府、社会、企业和人力资源，各自都承担一定的义务，享受一定的权利，而这些权利和义务之间存在着对等关系。对政府来说，承担着人力资源保障制度构建和运行的最大责任，不可有任何推卸，但是国家也从中获得了相应的社会稳定和经济活力的回报。对企业来说，为员工缴纳各种保障费用是其法定义务，是企业的一部分人工成本，但这种支出也为企业解除了后顾之忧，减少了很多纠纷，增强了企业的凝聚力和对优秀人力资源的吸引力。对人力资源来说，其享受保障是作为公民的一种法定权利，但在渡过难关之后也必须努力振作，不应该长久依赖社会福利和救助生活，对此，人力资源保障制度应该有更智慧地思考和选择。

（三）一般性与自主性结合原则

人力资源保障应该尽可能地覆盖所有合法劳动者，保障国家长期的安全和稳定，这体现了它的一般性；同时人力资源保障也应根据经济和财政状况。提供不同层次和类型的人力资源进行多样选择的机会，满足各自独特的需求，这体现了它的自主性。完善的人力资源保障制度应该是一般性和自主性的有机结合。

（四）社会互济性与法制性原则

人力资源保障的理念具有互济性，是人类群体生活经济关系发展的必然结果，也是人们追求稳定和安全心理的体现，是一种人性化较强的特征；而法制性才是现代社会更加重要和根本的标志，人力资源保障制度也必须以法律法规为准绳，政府需要不断建立和完善相关的法律法规以进一步监督保障项目，促使保障制度有法可依，保障制度健康发展。

二、人力资源保障的功能

（一）维护人力资源基本权益

我国《劳动法》规定劳动者在劳动关系中享有平等就业、选择职业、取得报酬、获得劳动安全卫生保护、享有社会保险和福利、接受职业技能培训、提请劳动争议处理、休息休假八项权利。对于人力资源个体来说，这些权利不是自然实现的，而且在实现过程中会面临来自社会、企业及自身的各种困难和障碍，需要有力的保障制度的介入。比如，社会上某些行业和职位，存在较常见的就业歧视、拖欠工资、克扣福利等现象，有些企业强加于劳动者身上的不平等劳动合同，在劳动者出现伤残或生育时给予不合法的对待，这些情况多是劳动者个人难以挽回和改变的，其个人和家庭权益的维护需要人力资源保障制度提供的帮助和服务。

（二）优化人力资源配置

人力资源的流动具有趋利性，人力资源的自由流动反映了不同区域和行业、企业的待遇和发展前景的差别。人力资源保障制度完善、执行高效的地方对人力资源具有更大吸引力，使得优秀人力资源竞相集聚，人力资源的配置得到优化，合作效率提升。目前，国家和地区之间优秀人力资源的争夺日趋激烈，以薪酬、晋升和环境为筹码的引进政策同质性高，越来越难以产生明显效果，以至于事倍功半。人力资源保障通常被认为是吸引人才的基础条件，不仅是体现在招揽优势方面（这是对人力资源保障内涵和价值的简单化理解），事实上，人力资源保障的内涵丰富、作用明显，可以为人力资源提供独特价值，成为影响他们工作选择决策的重要因素，目前，国内很多城市都在着力提高和改善人才的工作和生活保障，对吸引人才客户产生了重要作用。市场经济崇尚要素自由流动，认为要素的自由流动会产生效率最高的配置，所以考虑人力资源保障的人力资源流动会使得人力资源的配置达到更优的状态。

（三）保障人力资源可持续性

人力资源不同于其他物质资源的一个重要特点在于他的可持续性或再生性，而这种可持续性是通过对其系统而不间断的投资实现的。人力资源保障是维持人力资源投资的重要制度基础，也就是保障人力资源可持续性的重要支撑条件。人力资源保障对于人力资源可持续性的意义还表现在通过持续的保障，可以打消优秀人力资源的后顾之忧，激励他们不断进取，从优秀走向卓越，成为对国家、社会做出更大贡献的人。

（四）调节人力资源价值分配

政府可以进一步拓展人力资源保障的财政、税收以及福利、教育手段，以有效调剂人力资源价值的分配，促进社会和谐与公平。对于社会收入差距过大甚至两极分化的现象，人力资源保障制度可以推动国家改革税收制度进行有效的调节，包括房产税、财产税、遗产税、所得税的改革等。同时，人力资源保障也可将关注弱势群体的眼光有意识地转移到原先被忽视的教育培训领域，不仅通过救济、福利、补贴等手段改善受困者的物质生活状况，更要通过鼓励并提供教育培训等服务来提高他们的生存和进取能力，为其获得更多、更好的就业和发展机会，增加收入、打下基础。即所谓“授人以鱼，不如授人以渔”。

（五）激励人力资源积极性

人力资源的积极性以及工作状态受多种因素的影响，在受到挫折与不公的时候，人们难免沮丧和消极，在遇到重大伤害和疾病时，难免悲观和绝望。在这些关键时刻，如果人们受到及时有效的帮助，会产生非常有力的激励效果，可以使他们积蓄力量、恢复信心，所以说公平合理的人力资源保障可以有效激励人力资源的积极性。

第三节　人力资源保障的作用机制

研究宏观人力资源保障的作用机制是指保障对于人力资源形成、提升、流动和配置影响的实现路径。本书将从生育行为、退休行为等方面来探讨人力资源保障对人力资源形成、提升、流动的路径和机制。

一、人力资源保障与生育行为

生育和养育子女是一种人力资本投资，这种投资有着巨大的风险和机会成本，其效果与父母本身的人力资本水平有关，也与投资的类别和方式有关。家庭为了能够使自身的效用最大化，一方面会增加对自身人力资本的投资和将时间更多用于工作以换取更多的收入；另一方面他们也会增加对子女的人力资本投资。这两个方面都会导致家庭养育子女的数目下降，进而生育率下降、人力资本水平提高。从另一个角度来看，当生育率下降时，人力资源数量尤其是中青年劳动力的数量会减少，当社会人力资本投资一定时，人均人力资本水平将会上升，进而促进劳动力从数量向质量转变，提高人力资本积累水平。

通常父母养育子女有两种动机。第一种动机是个体希望通过养育子女来保障自己年老时期的生活，子女被视为一种“保险品”或“投资品”，另一种动机是个体将子女视为“消费品”，个体在养育子女的过程中获得快乐或效用。目前更多的研究是将两种动机结合在一起进行研究，认为子女的效用水平对父母的效用水平产生影响以此建立两代人之间的关系，子女既是“消费品”，也是“投资品”，个体养育女子能带来效用，同时也为了能够老有所养。根据经济学原理进行简单的理论推理就可以发现，完善的人力资源保障制度会减弱家庭对子女养老功能的需求，其养老效用相对下降，对生育率起到弱化作用。从生育时间上看，在缺乏人力资源保障时，人们出于对劳动力的需求，一般会选择早婚早育以更早获得经济回报，也使老年生活保障更加充足。而人力资源保障逐渐完善的社会进程，使人们依赖子女养老的需求逐渐淡化，为了更好地进行人力资本和经济资源的积累，提高家庭生活和子女教育的质量，人们会更加倾向于晚婚晚育。在没有保障制度或保障制度不健全、不完善的情况下，人们往往重视生育数量、忽视生育质量，而保障制度的建立和发展在使生育数量减少的同时，会使人们注重优生、优育、优教，使人力资源素质得以提高。

养育子女需要耗费大量的金钱、时间和精力，尤其在当前整体文明水平不断提升的时代，人力资源素质极大提升，人力资源之间的竞争也愈加激烈，家庭养育子女的成本快速上升，使父母和家庭面临着巨大的经济和心理压力。养育子女的成本会直接影响家庭在社会经济生活中的人力资源供给，尤其是女性的劳动参与率会明显减少，以把更多时间放在家庭和子女教育上，从而男性的工作和收入压力会更大。所以虽然我国已经全面放开二胎，绝大多数家庭都对二胎充满憧憬和热情，但考虑到生活现实的压力，最后真正选择生育二胎的家庭会有为数不小的缩减。而人力资源保障的存在，尤其是优厚、完善的保障会减少家庭生育子女带来的劳动收入损失，改善家庭的经济状况，影响生育的决策，改变社会总体生育率。假定子女既是父母"投资品"也是父母的"消费品"，则无论人力资源保障的规模是大或小，当保障收益率开始提高时，会导致生育率下降；但当人力资源保障处于中等规模时，可能会刺激生育率。不同人力资源保障体系对生育率和经济增长的影响不同。在发展中国家的人力资源保障体系会降低生育率并刺激经济增长，生育率和经济增长方面的差异在某种程度上可以由人力资源保障体系的差异来解释。

二、人力资源保障与退休行为

（一）提前与延迟退休对人力资本存量的影响

虽然处于更全面考虑，延迟退休已经成为我国的既定选择，但是仅从人力资源能力的角度来看，提前与延迟退休都有其合理之处。

一方面，人力资本是人力资源的价值体现，会随着人体的年龄增加和身体衰老而产生变化，总体呈抛物线形状，也就是说当人力资源接近退休时，其人力资本存量有下降的趋势，这也意味着老年人力资源的生产效率可能对年轻人力资源产生一定的负外部性。从社会人力资本存量看，使人力资本存量折旧较多的中老年人力资源提前离开岗位，让接受更多新知识、更富于创新精神的年轻人力资源更早进入社会参与工作，对于提高整个经济运行中的人力资本存量、增强经济活力和竞争力非常有利。人力资源保障体系中养老保险体系的存在可以被认为是由年轻人向老年人支付一定的养老金以交换老年人的工作岗位，并提高社会平均人力资本存量的水平，是一项帕累托改进的措施。

另一方面，随着人口健康水平的提高，平均预期寿命的延长，受教育年限的增加，知识和经验也需要时间积累，现行的退休规定意味着人力资源的巨大浪费。从人力资本形成的角度看，工作前的学校教育只是形成人力资源发展的基础，工作过程中通过培训、干中学、师带徒等方式积累的人力资本更具实用价值的。所以随着工作年限的增加，人力资本的存量也不断增加，尤其是其中凭个人在特定事件中努力探索形成的经验对专业和高端工作非常重要，是不可或缺和替代的，但却是年轻人所无法具备的。从人力资本投资的角度看，人力资本是通过对人力资源的知识、技能、健康、迁移等方面的投资而形成的，由于在人力资本投资方面的差异，会导致劳动者的人力资本存量大不相同，这意味着不同劳动者所拥有的人力资本价值也不同。延迟退休可以增加人力资本投资的收益，因为延迟退休意味着增加工作收入，人力资本投资的收益率因此得到提高。所以延迟退休年龄是目前世界上多数发达国家都采取的做法。

（二）人力资源保障对退休选择的影响

人力资源保障对于退休的政策及效果的具体影响，并没有确切的经验数据可以借鉴，本书从三个方面进行分析。首先，以养老保险为代表的人力资源保障制度的实质是延迟了年轻时收入的获取和使用期限，减少了年轻时闲暇的可利用价值，增加了年老时的预期收入。为了提前获得这部分收入，有些接近退休的老年人力资源可能会选择提前退休。但根据通常的政策规定，劳动者只有达到法定退休年龄之后才能领取养老保险基金，这就意味着，如果提前退休，那么从退休日起到法定退休年龄之间这段时间，劳动者无法获得养老金，这可能会造成劳动者生活质量下降，甚至生活困难。同时，养老金的多寡与人力资源在职时的价值关系有关，选择提前退休意味着减少工作年限和缴纳的养老金额度，将来养老金的领取会减少，这使得提前退休得不偿失，所以基本上很少有人会主动选择提前退休。

养老保险也是一种收入再次分配的机制，对于不同工资水平的人力资源有着不同的影响。在不同地区按统一比例缴纳养老金的体系下，每个人获得的养老金基本上由基础养老金和个人账户养老金两部分组成，基础养老金是按照当地平均工资的一定比例发放的，跟个人养老账户没有关系，而个人账户养老金就是从个人养老账户中提取的。养老金的收益基本保持稳定，其不同的变化趋势反映了缴费金额不同的人群之间的收入转移，若养老金收益提高，可以认为是缴费较少的低收入群体获得了更多的收入转移，因而可能会引发其提前退休的意向。根据效用最大化原则，是否选择退休取决于此决策所带来的总体效用，即收入和闲暇效用的总和，如果退休所带来的养老金和闲暇的效用大于继续工作收入的效用，那人们就会选择退休甚至提前退休；反之则会选择继续工作，逃避或延长退休。

三、人力资源保障与人力资源供给行为

人力资源保障的性质就是为保障人力资源的基本生活，在遭遇困难时给予帮扶，所以总体方向一定是挽回和扩大人力资源供给的，所以笼统来说，人力资源保障制度会激励人力资源供给，但其不同内容的作用机制却会有不同的导向。

从征收保障税费对人力资源供给决策的影响来看，会产生收入和替代两种效应。收入效应是指劳动者缴纳保障税费是一种支出，劳动者因此会付出更多劳动时间来弥补收入的损失，使得人力资源供给增加；替代效应是从边际产出的角度认为保障税费降低了人力资源的边际报酬，劳动者会因此而增加闲暇减少人力资源的供给以提高边际收益。所以保障税费的支出对人力资源供给的影响究竟是正面还是负面，并不一定，取决于这两种效应的对比。

从人力资源保障水平的影响来看，其主要作用在于使人力资源进行供给决策的条件和环境发生改变。劳动者愿意进行人力资源供给的行为就是寻求就业，就业是寻求最适合自身能力并获得最大报酬的岗位，一般要经过工作搜寻的过程。在劳动者进行工作搜寻时，人力资源保障水平是一个重要影响因素，也是要重点考虑的问题。比如说人力资源保障水平越高，尤其是失业保险和失业救济水平越高，失业者工作搜寻的时间就会越长，因为失业者的失业生活并没有那么糟糕；反之，如果没有很好的失业保障，失业者会尽快找到新工作，结束失业状态。也就是说，从这个角度看，保障水平

越高越不利于人力资源供给。

从人力资源保障类型看，不同类型的保障也会对人力资源供给产生不同的影响。比如，有些就业关联型保障（工伤保险等）必须在就业的状态下才可以获得，也就是说就业是获得保障的资格，而且就业期间的缴费水平和期限直接决定保障金的水平，这样对人力资源供给必定产生积极效果。与此相反，与人力资源就业和缴费无关的普遍保障型的人力资源保障，并不会增加人力资源供给，尤其是当保障水平较高时，人们会更缺乏就业的积极性。

四、人力资源保障与人力资源需求行为

人力资源保障费用属于刚性的人力资源成本，缺乏弹性而且难以取消和替代，对用人单位的人力资源需求产生了重要影响。对于用人单位来说，缴纳人力资源保障费用是其人工成本的一项组成部分，这项费用越高，对于用人单位的用人热情就会越加压制，表现为减少对人力资源的需求，而增加对资本和技术的需求，比如现在正在蓬勃兴起的人工智能技术。所以说保障水平并不是越高越好，保障水平过高会减少企业利润，降低企业竞争力，减少人力资源需求，最终伤害劳动者的根本利益。

五、人力资源保障与迁移行为

人力资源完成教育、培训等教育型投资之后，就进入人力资本的流动和配置阶段。劳动者的流动或迁移过程是对人力资源的投资，它是一种由迁移成本和迁移收益决定的人力资源投资行为。迁移成本包括直接成本如信息费用、路费等，机会成本如迁移过程中的工资损失。迁移收益为经济上或非经济上的回报，如收入增长、环境改善等。人力资源保障可以有效减少劳动者迁移的成本，进而

保障迁移的效果，激励迁移的扩大。劳动者的迁移有利于提高劳动者的各种人力资源能力，比如新的工作岗位提供的职业培训，获得的专业技能，新环境下思想文化等方面的熏陶带来意识形态的转变等，这些都作为人力资本积累的形式存在于人力资源载体——劳动者身上。对于人力资源的优化配置来说，迁移和流动更是必不可少的。从农村劳动力向城市转移的角度分析，我国大量劳动者在农村实际上处于半闲置状态，这对人力资源是一种浪费，将这些闲置的劳动力转移到城市建设中去，将大大优化人力资源的使用效率。另外，合理的流动也有利于提高劳动者工作的积极性和创造性。有部分劳动者的工作处于低效率状态，他们对现有的工作环境、工资收入等都非常不满，合理的流动可以使他们寻找到适合自己的工作，充分发挥自身的潜能，使人力资源的效率最大化。人力资源迁移包括人力资源在部门间、行业间、区域间和国家间的流动，其中区域流动是主要迁移方式。完善的人力资源保障使人力资源在不同区域、部门和行业间自由流动的同时，其保障都可以无缝对接，极大减小了迁移的阻力。随着区域经济发展和产业结构调整，劳动者在流动过程中可能存在原有的知识结构或技能水平偏低或过时，流动本身主要是由收入差异引导，人力资源保障利益的诱导必然会激励劳动者投入时间和财力去做新的职业培训等教育投资，因此人力资源迁移反过来也将激励劳动者进行教育投资，提高人力资本积累。在人力资源保障多元而缺乏统一性的情况下，保障较完善且水平较高的地区会吸引更加优秀的人力资源前来集聚，使得人力资源的供求关系趋于缓和，以至趋向于市场和地区间平均水平。但对于不同性质部门来说，由于不同部门的不同保障水平是有其制度原因的，难以由市场运作改变。这些部门由于大量的人力资源集聚就会导致政府行政力量的干预，限制人力资源的进入条件，结果就会使部门外优秀的人力资源进不来，部门内低效的人力资源不愿离开，人力资源的流动受到严重限制，人力资源配置低效。所以突破人力资源保障的部门、行业和地区限制，建立全国统一的人力资源保障制度对促进人力资源的迁移流动具有积极意义。

六、人力资源保障与教育投资行为

保障对于教育投资的影响主要有两个方面，即保障对家庭教育投资以及保障对政府教育投资的影响。对于家庭教育投资来说，父母出于对子女无条件的爱心，往往愿意选择尽自己最大努力，给予子女最多的教育投资，最佳的教育环境，以至于竭力为子女置办完善的保障措施，以确保其完成学业。从经济效益看，增加家庭人力资源保障支出，能创造更好的人力资本条件和更高的生产效率，家庭教育也可以得到更好的回报。对于政府教育投资来说，人力资源保障会产生几方面的效果，包括减少劳动者及其家庭陷入贫困的可能，减少残疾的出现及由此带来的家庭负担，减少劳资冲突提高劳动效率等，这些方面都有力地减轻了国家负担。在此基础上，政府可以加大教育投资力度，探索教育转型，提高教育效益，培养更多社会需要的人力资源。

七、人力资源保障与健康保健行为

健康保健作为一种重要的人力资本投资方式，本身就是人力资源保障的一个重要内容。从人力资源保障角度看，健康保健的价值一方面在于确保劳动者拥有社会工作所必需的基本体力和精神条件，使其承载更为强大和丰富的人力资本，为经济发展提供最重要的“人”的基础；另一方面，健康保健有效延长了人口的预期寿命，改善了人口的健康状况，使人们可以拥有更长时间的有质量的生命，延长了人力资源的职业生涯，使其做更多有价值的工作。同时，更长的预期寿命本身就会改变人们对工作、生活以致生命的态度，某种程度说是一种激励，也就是说人力资源在工作中创造价值的时间更长，获得回报和享受生活的时间也更长，人们会更有动力在自身人力资源上进行投资。

后　记

历经数年的研究成果终于付印成书，甚是欣慰。

我是一名长期从事政府人力资源管理实务的机关干部，从宏观视域对全社会人力资源的发展规律和内在运行逻辑进行系统化研究，起始于2008年政府人事部门与劳动保障部门整合成为人力资源和社会保障部门所引发的思考。

作为政府综合管理全社会人力资源运行的部门，它设立的初心和使命，是要对全社会人力资源发展进行整体性、超前性的战略谋划和科学性、系统性的政策安排。新的部门成立以来，人力资源和社会保障领域的各项工作都取得了世所公认的巨大成就。但是，在宏观人力资源管理研究方面，我们感到相对比较薄弱，学术界更多地关注微观层面的企业人力资源管理，政府部门则较多地停留于中观层面的行业性的公共人力资源管理，且更加关注体制内的条线人力资源管理。基于此，从2015年开始，我牵头组织江苏省行政管理科学研究所与南京邮电大学管理学院共同开展了“宏观人力资源管理”理论和实践的专题研究。

我们对宏观人力资源管理问题的研究，聚焦于以下三个方面。

一是基于中国特点。中国是人力资源第一大国，数量最为庞大，潜力极为深厚。改革开放以来，在中国特色社会主义思想指引下，人力资源政策不断调整，全社会人力资源发展的宏观环境发生了根本性变革，亿万劳动者的积极性、创造性得到极大的激励和提升。当下，经济发展进入新常态，中国正在走向新时代，推进发展的新动力归根到底是从阶段性的劳动力成本优势转化为持续提升的人力资本优势，实现“人口红利”向“人才红利”的转变。如何实现全社会人力资源素质的加快提升、结构的不断优化、配置的市场化、保障的全周期等宏观性问题的研究更显迫切和重要。习近平总书记在党的十九大报告中指出，“我们的发展要坚持以人民为中心，人民是历史的创造者，是决定党和国家命运的根本力量”；他强调，“人才是实现民族振兴，赢得国际竞争力的战略资源”“要努力形成人人渴望成才、人人努力成才、人人皆可成才、人人尽展其才的良好局面”；并提出要“着力加快建设实体经济、科技创新、现代金融、人力资源协同发展的产业体系”。习近平总书记这一系列的重要思想和论断，为我们研究宏观人力资源管理指明了方向和路径，也提出了更高的期待和要求。

二是直面中国问题。改革开放以来，人力资源发展的宏观环境发生了根本性的积极变化。但毋庸讳言，我国城乡教育存在差距、社会成员身份相对固化、迁移不够流畅、社会保障碎片化等问题依然存在，这些问题都是影响和制约宏观人力资源管理发展的“痛点”。在全社会人力资源的生产、配置、使用、保障等各个环节中，不平衡、不充分的情况还比较突出，系统深入地研究这些问题，应当是中国特色社会主义新时代下宏观人力资源管理研究的重要课题。

三是提出中国方案。我国是一个拥有最多人力资源的国家，加快宏观层面人力资源管理理论研究，指导和促进全社会人力资源发展的整体性提升、系统化最优和持续性改善，具有极大的经济价值和社会价值。通过深化研究，我们试图从宏观尺度研究人力资源发展的内在规律、运行趋势，探究为全社会持续提供数量充足、素质优良、配置高效、开发充分、保障有力的人力资源供给所应有的价值取向和公共政策方向。力图以整体性思维、系统性谋划、超前性预测，为进一步提升全社会人力资源整体质量和配置效率，推动我国由人口红利向人才红利的根本性转变。争取在理念引领、政策研究、实践推动等方面提供基于中国新时代发展国情的科学有效的理论支撑和实证支持。

本书是我们的阶段性研究成果，希望在更大空间尺度上厘清宏观人力资源管理与社会治理现代化发展之间的协同关系，在更长时间尺度上探究人力资源发展的脉络和趋势。因为对人力资源发展运行各环节的联系的规律性认识等方面的研究还不充分，所以有些重要问题还未能说深议透。我们希望本研究成果能够引起政府、学术界和社会各界对宏观人力资源管理问题的关注和思考，期待更系统、更深入和更有价值的研究成果不断涌现。

本书是集体合作的成果，我主要负责整体思路和框架的拟定，研究重点、方向和进度的把控，各方资源和关系的协调等工作。南京邮电大学张新岭副教授、孙友然教授、江游老师撰写了本书的初稿，具体为张新岭副教授撰写第一章至第四章、第七章、第八章，孙友然教授撰写第五章、第六章、第九章，江游老师撰写第十章，张新岭副教授负责全书的统稿和修改工作。

本研究成果形成过程中，有幸得到著名人力资源管理专家赵永乐教授的直接指导，赵永乐教授对这项研究给予肯定和支持，并为本书作序，谨表示由衷感谢！我们的研究自始至终得到南京特殊教育师范学院院长凌迎兵教授的指导、支持并亲自参与讨论，在此深表感谢。

南京特殊教育师范学院科研处处长许巧仙教授，南京邮电大学管理学院院长黄卫东教授、党委书记江森同志，南京邮电大学管理学院人力资源管理系主任赵波教授、副主任焦永纪副教授，以及南京邮电大学经济学院易莹莹副教授都参与了本书的研讨，提供了非常有价值的意见和建议，在此深表感谢。

江苏省行政管理科学研究所原所长朱武生、所长杨素慧、副所长丁进组织和参与了本书的研究工作并对本书出版给予了支持和帮助，江苏省行政管理科学研究所朱玉红、孟上飞以及原在江苏省行政管理科学研究所工作的李慧茹也参与了本书研究的相关工作，在此一并表示感谢。

刘小群

江苏省人力资源和社会保障厅原副厅长

江苏省人才学会会长

2017 年 12 月于南京

参考文献

[1] 叶剑峰. 加强宏观层面的人力资源开发与研究 [J]. 中国人力资源开发，2010 (2).

[2] 顾和军，李青. “全面二孩”政策对中国劳动年龄人口数量和结构的影响：2017—2050 [J]. 人口与经济，2017 (2).

[3] 杨柠聪，李尚泽. 人口供给侧改革的经济学与生物学解释 [J]. 重庆社会科学，2017 (1).

[4] 尹蔚民. 致力推进中国特色和谐劳动关系的构建 [J]. 就业与保障，2015 (10).

[5] 尹蔚民. 努力实现更加充分的就业 [J]. 时事报告，2017 (5).

[6] 尹蔚民. 在推动经济发展中促进就业稳定增加 [J]. 就业与保障，2016 (8).

[7] 李群. 中国劳动人口素质红利与经济增长. 社会科学家，2016 (1).

[8] 俞宪忠. 当代人力资源管理研究的缺陷及其成因 [J]. 山东社会科学，2012 (5).

[9] 俞宪忠. 充分就业状态及其发展陷阱 [J]. 齐鲁学刊，2004 (6).

[10] 姚裕群. 我国人力资源开发的战略与对策 [J]. 甘肃社会科学，2005 (2).

[11] 韩树杰. 以人力资本投资推动发展方式转变 [J]. 中国人力资源开发，2010 (12).

[12] 王政武. 以人民为中心的中国经济转型动力的转化及路径 [J]. 长白学刊，2017 (2).

[13] 姜淑萍. “以人民为中心的发展思想”的深刻内涵和重大意义 [J]. 党的文献，2016 (6).

[14] 白暴力，杨颖. 中国特色社会主义政治经济学的基本特征 [J]. 江汉论坛，2017 (8).

[15] 萧鸣政. 关于更好实施人才强国战略的思考 [J]. 中国人才，2008 (1).

[16] 冉景亮，杨晓宇. 区域人力资源战略：一个分析框架 [J]. 现代管理科学，2015 (11).

[17] 李树业. 我国人才资本效用机制研究 [J]. 东岳论丛，2015 (9).

[18] 蒋若凡. 人口发展政府治理研究 [D]. 西南财经大学博士论文，2010 (4).

[19] 周学馨. 人口发展战略管理研究中的三个重要概念及其启示 [J]. 探索，2007 (6).

[20] 周学馨. 人的全面发展与人口发展的制度创新 [J]. 广州大学学报（社会科学版），2007 (2).

[21] 周学馨. 人口发展治理理论视域中的政府人口管理创新 [J]. 人口与经济，2009 (5).

[22] 周学馨. 人口发展治理视野下的政府人口管理创新 [J]. 理论月刊，2009 (6).

[23] 周学馨. 我国流动人口治理及机制研究 [J]. 行政管理改革，2012 (1).

[24] 周学馨. 从流动人口管理走向流动人口治理——我国政府流动人口管理中行政范式转型的制度设计 [J]. 探索，2009 (8).

[25] 周学馨. 治理视角的流动人口管理制度设计 [J]. 学习时报，2009-06-22.

[26] 金小桃. 战略管理视角中的人口发展治理研究 [D]. 河海大学博士论文，2007 (1).

[27] 吴坚. 宏观人才资源治理结构的实证分析 [J]. 商业时代，2011 (4).

[28] 周海炜，金小桃. 论政府创新体系对人口发展战略管理系统性的回应 [J]. 市场与人口分析，2006 (6).

[29] 曾建权. 走向政府、市场和社会的良性互动人力资源管理理论与实务研究 [D]. 天津大学博士论文，2003 (6).

[30] 黎煦，许航敏. 从政府单一管理到综合治理——我国人口发展治理体系建设的政策分析 [J]. 人口与经济，2007 (4).

[31] 李广培. 试论人才资源配置效能的社会协同机理 [J]. 福州大学学报 (哲学社会科学版)，2007 (1).

[32] 陈超，卢毓. 全球价值链视角下区域产业集群升级内在机理研究 [J]. 经济研究导刊，2012 (25).

[33] 高建丽. 人力资源管理综合评价模型分析 [J]. 企业导报，2011 (21).

[34] 李群，王巧云. 人力资源开发向经济发展方式转变的传导机制分析 [J]. 中国科技论坛，2009 (2).

[35] 石振香. 统筹城乡进程中的我国农业人力资本配置机制研究 [J]. 东北林业大学博士论文，2013 (9).

[36] 郑伟. 人力资本配置及其制度研究 [J]. 科技进步与对策，2004 (8).

[37] 邵昱. 宏观人力资源开发与配置研究 [J]. 西南财经大学博士论文，2000 (9).

[38] 王晓莉. 人力资源开发多主体博弈及演化模型研究 [J]. 东北财经大学博士论文，2013 (6).

[39] 汪小英，周艺. 关于中国人口质量制度引导机制的思考 [J]. 西北人口，2011 (1).

[40] 刘英. 人力资源开发的路径探究 [J]. 榆林学院学报，2006 (5).

[41] 马新平. 包容性增长理念下人力资源合理配置的路径探析 [J]. 学术交流，2013 (4).

[42] 赵峰，刘丽香，连悦. 综合激励模型视域下创新人才激励机制研究 [J]. 科学管理研究，2013 (6).

[43] 黄健. 我国发展人力资源开发学科的思考 [J]. 兰州学刊，2009 (9).

[44] 袁广盛. 我国人力资源动态需求模型构建及其检验 [J]. 统计与决策，2013 (17).

[45] 牛文元，陈锐. 可持续发展与人力资源能力建设 [J]. 职业技术教育，2003 (9).

[46] 黄金辉. 人力资本促进经济增长的机理分析：国外研究述评 [J]. 学习与探索，2007 (5).

［47］王桂胜，杨河清．未定价值评价法在人力资源价值评估中的应用［J］．人口与经济，2010（4）．

［48］王桂胜，杨河清．人力资源价值计量与评估若干方法［J］．中国人力资源开发，2009（6）．

［49］林泽炎．我国人才激励和保障的战略思考与制度设计［J］．中国人力资源开发，2013（4）．

［50］边慧敏，唐代盛．人才战略规划中的人才预测［J］．中国人才，2005（7）．

［51］魏萍，李成江．宏观人力资源动态平衡模型研究［J］．商业时代，2008（18）．

［52］冉景亮，杨晓宇．区域人力资源战略：一个分析框架［J］．现代管理科学，2015（11）．

［53］李小华，董军．人力资源规划的特征与作用分析［J］．理论界，2006（1）．

［54］蔡晓林．关于企业人力资源规划的几点思考［J］．管理观察，2009（16）．

［55］闻鑫，王维志，毕如祥．基于战略人力资源规划的人员规模预测方法研究［J］．企业改革与管理，2016（21）．

［56］肖鸣政，林赛．政府人力资源规划分析——基于美国实践与现代公共管理的视角［J］．中国人力资源开发，2009（5）．

［57］曾湘泉，杨伟国．宏观国外人力资源战略规划［J］．职业技术教育，2007（12）．

［58］刘追，肖鸣政．新时期我国人才规划纲要实施的策略选择［J］．宏观经济管理，2010（11）．

[59] 肖月强，李大芳. 论“全天候”人力资源战略规划 [J]. 电子科技大学学报（社科版），2009（5）.

[60] 黄亨煜. 基于战略的人力资源规划 [J]. 中国人力资源开发，2006（7）.

[61] 柴剑峰，陈井安. 基于战略管理的人才规划约束性分析和实施路径探讨 [J]. 科技进步与对策，2008（8）.

[62] 王修来，王松青，刘娜. 基于人力资源总量的动态平衡模型 [J]. 科技与管理，2008（1）.

[63] 羊凡. 社会政策的制定与实施探析——以“全面二孩”政策为例 [J]. 中国市场，2017（8）.

[64] 孙欢. 间断平衡框架及在我国政策分析中的适用性：基于政策范式 [J]. 甘肃行政学院学报，2016（6）.

[65] 栾莹. “全面二孩”政策实施背景下女性就业问题研究 [J]. 黑龙江省社会主义学院学报，2017（2）.

[66] 王明杰，郑一山. 西方人力资本理论研究综述 [J]. 中国行政管理，2006（8）.

[67] 胡鞍钢，王洪川，鄢一龙. 中国现代化：人力资源与教育（1949—2030）[J]. 教育发展研究，2015（1）.

[68] 赖敏. 基于法经济学的我国二孩政策实施举措分析 [J]. 经济与社会发展，2016（6）.

[69] 曹艳春.“全面二孩”政策背景下从生育意愿到生育行为：基于 SSM 的影响因素及激励机制分析 [J]. 兰州学刊，2017（1）.

[70] 蒋美华，乔香萍. 试论农民工的向上流动 [J]. 晋阳学刊，2007（1）.

［71］张军政. 农村剩余劳动力转移组织化研究［D］. 西北农林科技大学博士论文，2007.

［72］王培峰. 教育发展战略研究：路径、特征与议题——兼及特殊教育发展战略研究综述［J］. 现代特殊教育，2017（2）.

［73］黄桂霞，姜大伟，刘中华. 挑战与应对："全面二孩"政策下的女性就业权保障［J］. 中国劳动关系学院学报，2017（5）.

［74］乔丽博. 中国的发展状况与刘易斯拐点探析［J］. 重庆科技学院学报（社会科学版），2011（5）.

［75］张晓景. 加强人力资源市场化配置中的宏观调控［J］. 南京工业大学学报（社会科学版），2005（5）.

［76］陆铭. 求解"不可能三角"：理性、公正与效率［J］. 探索与争鸣，2015（10）.

［77］王云峰. 习近平政府与市场关系论的全新内涵与特质［J］. 探求，2017（3）.

［78］杨依军，潘洁，兰红光，鞠鹏，黄敬文. 八个两会关键词解码习近平政治经济学［J］. 理论导报，2016（3）.

［79］梁达. 新经济有效拓展就业新空间［J］. 金融与经济，2017（7）.

［80］梁达. 新经济新业态有效打开就业新空间［N］. 上海证券报，2017－06－02.

［81］黎宏. 论中国特色社会主义市场经济理论的历史发展［J］. 重庆大学学报（社会科学版），2016（6）.

［82］张新宁. 政府和市场关系研究的四重纬度［J］. 毛泽东邓小平理论研究，2017（1）.

[83] 彭志强，许佳. 进一步处理好政府和市场关系——学习习近平同志系列讲话精神 [J]. 经济研究导刊，2014 (31).

[84] 于琦. 中西部高校人才流失的现状、原因及对策——基于人本原理的视角 [J]. 人力资源管理，2017 (6).

[85] 范雷. 中等收入群体的就业结构分析：2006—2015 [J]. 河北学刊，2017 (2).

[86] 赵永乐，张新岭. 论组织价值与人才资本价值的关系 [J]. 武汉化工学院学报，2005 (3).

[87] 赵永乐，张新岭. 人才资本价值在组织中的实现途径 [J]. 华东经济管理，2005 (3).

[88] 吴江. 坚持以用为本方针 创新人才体制机制 [J]. 理论探讨，2013 (3).

[89] 吴江. 建设世界人才强国的创新体系 [J]. 第一资源，2011 (1).

[90] 胡德期. 促进广西北部湾经济区人才投资的财税政策研究 [J]. 经济研究参考，2012 (4).

[91] 彭剑锋. 人才发展要倡导以用为本 [J]. 第一资源，2010 (3).

[92] 王选华，曹立锋，孟志强. 北京地区人才效能的比较研究 [J]. 中国人力资源开发，2011 (5).

[93] 田敬伟. 新时期事业单位人力资源管理创新探讨 [J]. 劳动保障世界，2016 (35).

[94] 杨丽. 实现事业单位人力资源管理科学化的建议 [J]. 人力资源管理，2017 (3).

[95] 孙锐，黄梅. 人才优先发展战略背景下我国政府人才工作路径分析 [J]. 中国行政管理，2016 (9).

[96] 黄梅. 关于构建人力资源市场动态监测体系的思考 [J]. 中国人才，2011 (8).

[97] 黄荔梅. 进一步优化人力资源配置的思考 [J]. 产业与科技论坛，2016 (20).

[98] 孙锐，赵巍. 发挥政府人才工作综合管理部门作用相关问题探讨 [J]. 第一资源，2013 (5).

[99] 张天勇，韩璞庚. 多元协同：走向现代治理的主体建构 [J]. 学习与探索，2014 (12).

[100] 孙柏瑛. 社会管理与政府能力建构 [J]. 南京社会科学，2012 (4).

[101] 王勇，赵永乐. 人才资本内涵论析 [J]. 科技管理研究，2007 (4).

[102] 王勇，赵永乐. 人才资本产权的概念、特征与结构 [J]. 华东经济管理，2006 (1).

[103] 王勇. 人才资本产权实现的路径分析与制度安排 [D]. 河海大学博士论文，2006 (11).

[104] 赵永乐，王勇. 人才资本：产权特性与制度安排 [J]. 开发研究，2006 (2).

[105] 徐永华，关于我国人力资源产权的经济学思考 [J]. 中外企业家，2010 (1).

[106] 黄艳芳. 地方政府职业教育制度安排的绩效评价 [J]. 继续教育，2012 (2).

[107] 李俊霞. 知识经济时代的人口素质与人力资源开发 [D]. 西南财经大学博士论文，2003 (6).

[108] 吴文俊. 高等教育制度功能的经济学分析 [D]. 华东师范大学博士论文，2006 (4).

[109] 胡静. 浅论人力资源管理制度安排的和谐问题 [J]. 求知，2006 (10).

[110] 杨菁. 人力资本与制度变迁关系研究 [D]. 复旦大学博士论文，2004 (4).

[111] 任竹芸. 高校“海归”人才的引进与管理 [J]. 科技创业月刊，2013 (10).

[112] 林喜庆，郑琳琳. 区域科技人力资源竞争力的“一体两翼”理论模型与指标体系构建 [J]. 中国人力资源开发，2011 (11).

[113] 吴德贵. 优化人才环境 提升人才竞争力 [J]. 中国人才，2004 (2).

[114] 李建国. 人才资源流动方式与规律性探析 [J]. 中国人力资源开发，2005 (8).

[115] 黎宏. 论中国特色社会主义市场经济理论的历史发展 [J]. 重庆大学学报 (社会科学版)，2016 (6).

[116] 胡又牧. 中国人才引进特有模式 [J]. 国际人才交流，2014 (3).

[117] 张建国. 做好国外人才和智力引进工作的基本指针 [J]. 学习月刊，2014 (9).

[118] 宗禾. 实施促进人才投资优先保证的财税金融政策 [N].

中国财经报，2010－06－08.

［119］蔺洁，陈凯华，秦海波，侯沁江. 中美地方政府创新政策比较研究——以中国江苏省和美国加州为例［J］. 科学学研究，2015（7）.

［120］李慧娟. 简论我国社会保障体系的构建［J］. 湖北经济学院学报（人文社会科学版），2007（1）.

［121］陈志夫，孙静. 青年劳动力资源状况分析与社会保障机制［J］. 河北青年管理干部学院学报，2004（1）.

［122］沈燕. 社会保障对退休行为及人力资本投资的影响［J］. 湖北师范学院学报（哲学社会科学版），2011（2）.

［123］沈燕. 部分积累制养老保险体系下退休行为的选择——基于经济增长的视角［J］. 当代经济，2011（9）.

［124］李雪. 中国社会保障制度的经济学分析［D］. 吉林大学博士论文，2014（10）.

［125］姜丽美. 我国社会保障制度的劳动力市场效应研究［D］. 华中科技大学博士论文，2012（5）.

［126］张颖丽. 欠发达地区吸纳科技人才机理及保障机制研究［D］. 吉林大学博士论文，2010（6）.

［127］刘晶. 就业与社会保障互动关系研究［D］. 复旦大学博士论文，2003（4）.

［128］冯云廷. 蒂布特模型与城市偏好［J］. 山东财政学院学报，2008（4）.

［129］于艳芳. 欧盟劳动力市场灵活保障模式研究［D］. 河北大学博士论文，2011（12）.

［130］龚文海．人力资本产权制度变迁与制度创新［D］．西南财经大学博士论文，2007（4）．

［131］任辉．论社会保障对微观资源配置的影响［J］．理论导刊，2005（6）．

［132］尹阳娜．社会保障、消费与内需——基于凯恩斯主义模型的应用［J］．消费经济，2006（4）．

［133］吴艳玲．就业与社会保障的互动关系研究——以黑龙江省为例［J］．经济研究导刊，2008（3）．

［134］睢党臣，彭庆超．社会保障对人力资本积累影响研究述评［J］．哈尔滨学院学报，2015（12）．